La sécurité économique de l'entreprise du point de vue de la croissance économique

Fernando Luis Munoz Andrade
Anna Kulik
Natalia Gerasimova

La sécurité économique de l'entreprise du point de vue de la croissance économique

Monographie collective

ScienciaScripts

Cover image: www.ingimage.com

This book is a translation from the original published under ISBN 978-620-5-51807-6.

Publisher:
Sciencia Scripts
is a trademark of
Dodo Books Indian Ocean Ltd. and OmniScriptum S.R.L publishing group

120 High Road, East Finchley, London, N2 9ED, United Kingdom
Str. Armeneasca 28/1, office 1, Chisinau MD-2012, Republic of Moldova, Europe

ISBN: 978-620-7-27744-5

Contenu

INTRODUCTION

Le sujet choisi est tout à fait pertinent, car la particularité du fonctionnement de nombreuses entreprises dans les conditions modernes est leur dépendance constante à l'égard de tous les sujets de la totalité de l'infrastructure commune. Dans le processus de production et d'activité économique, les entreprises entretiennent constamment des relations directes et indirectes avec les fournisseurs de matières premières et de composants, les consommateurs de produits finis et les concurrents. Ces derniers, partant de l'objectif de toute entreprise - créer son propre consommateur - tentent de renforcer leur position sur le marché, affaiblissant ainsi la position des autres entreprises. C'est la croissance économique qui est l'objectif et l'indicateur de la durabilité et de l'efficacité de l'entreprise à long terme. Un bon impact sur les facteurs de croissance économique et leur bon équilibre dans l'entreprise garantissent un développement et une expansion uniformes de l'organisation.

Le marché d'aujourd'hui, tant national que mondial, est avant tout un environnement extrêmement compétitif. Et la préférence est donnée aux entreprises compétitives qui ont quelque chose à offrir, dont les projets de développement comprennent non seulement une simple augmentation de la capacité de production en augmentant la consommation de ressources, mais aussi l'idée d'appliquer de nouvelles technologies de pointe. En outre, les facteurs extensifs n'ont pas toujours un impact favorable sur l'environnement et, pour de nombreuses entreprises, la réduction des émissions nocives dans l'atmosphère est une priorité.

L'objectif principal de ce travail est d'analyser le degré de dépendance de l'efficacité économique de l'entreprise aux caractéristiques de son environnement interne et externe, ainsi que d'identifier et d'étudier les moyens optimaux d'assurer une croissance économique stable sur l'exemple de la SARL "Igris", en affectant le niveau de sécurité économique de l'entreprise.

Un certain nombre d'objectifs ont été fixés en fonction de l'objectif principal :

1. Étudier les aspects théoriques de la croissance économique de l'entreprise.
2. Examiner les facteurs les plus importants de la croissance économique de l'entreprise.
3. Analyser les principaux indicateurs de croissance économique de l'entreprise.
4. Déterminer les possibilités d'atteindre l'efficacité de l'activité économique de l'entreprise "Igris" et sa croissance économique.
5. Déterminer le niveau de sécurité économique de l'entreprise.
6. Proposer un projet de croissance économique visant à assurer la sécurité

économique de l'entreprise enquêtée.

Le thème de travail choisi est celui des relations économiques, des facteurs, des processus et des phénomènes qui assurent la croissance économique de la SARL "Igris" afin de garantir la sécurité économique.

Les ressources Internet ont été utilisées comme sources d'information. Les méthodes d'analyse économique et statistique, de comparaison et d'analogie ont été utilisées comme méthodes de recherche.

Le premier chapitre traite de la base théorique de la croissance économique en tant que facteur garantissant la sécurité économique de l'entreprise : les caractéristiques et l'importance de la croissance économique sont présentées, la relation entre la croissance économique et le niveau de sécurité économique de l'entreprise est examinée.

Le deuxième chapitre du travail est consacré à l'analyse des principaux indicateurs de croissance économique de l'entreprise "Igris" et à l'évaluation de sa sécurité économique, ainsi qu'à l'évaluation des risques et des menaces affectant le niveau de sécurité économique de l'entreprise.

Le troisième chapitre propose un projet visant à améliorer la croissance économique de l'entreprise en termes d'augmentation du niveau de sécurité économique de l'entreprise. Des conclusions sont tirées.

CHAPITRE 1

LES FONDEMENTS THÉORIQUES DE LA CROISSANCE ÉCONOMIQUE EN TANT QUE CONDITION POUR ASSURER LA SÉCURITÉ ÉCONOMIQUE DE L'ENTREPRISE

1.1 Caractéristiques et importance de la croissance économique

La croissance économique est un changement quantitatif dans le système de production d'une entreprise, exprimé par une augmentation du revenu brut de cette entreprise. La croissance économique peut se produire soit sans changement qualitatif dans les systèmes de production, ce qui est traditionnellement défini comme une croissance économique extensive, soit à la suite d'une amélioration qualitative de la structure et des fonctions du système de production d'un niveau particulier [45].

Selon la terminologie existante, il s'agit d'une croissance économique intensive. La croissance économique sans développement, bien qu'elle augmente le volume des biens, mais en l'absence de changements qualitatifs dans la production, nécessite une augmentation proportionnelle de la consommation des ressources. Une telle croissance économique ne s'accompagne pas d'une augmentation de la productivité du travail. Dans le même temps, les coûts et les prix restent généralement constants, même si la détérioration des conditions de production peut s'accentuer. En l'absence d'une augmentation de la demande pour les produits de certaines industries, l'augmentation de l'efficacité économique est possible avec le développement, mais sans signes de croissance [38].

Dans le même temps, les volumes de production restent inchangés, mais la mise à niveau des ressources techniques, technologiques et humaines, ainsi que les améliorations organisationnelles de la production, doivent conduire à une amélioration des performances économiques, de sorte que, avec une légère baisse relative des prix, la rentabilité de la production augmente. En général, tous les facteurs de croissance et de développement économique sont divisés en six groupes principaux : ressources, production, incitations, structure, marché et institutions. Chacun de ces groupes contient plusieurs facteurs, dont la liste peut être élargie en les divisant en éléments plus petits. Par exemple, les ressources naturelles devraient inclure le sous-sol, ainsi que le sol, l'eau, les forêts, le pétrole, le gaz, la houille, les minéraux, etc. ; pour assurer l'activité du travail - la population, son attitude à l'égard du travail, le niveau d'éducation ; pour la composante financière - le montant du revenu national, l'épargne, les

investissements ; pour les actifs corporels - les bâtiments et les structures de production, les machines et les mécanismes, les matières premières et les approvisionnements [29].
Ainsi, le degré d'influence des facteurs de production dépend des dirigeants, des spécialistes et du personnel de terrain, ainsi que de la composition globale des employés de l'entreprise, tandis que l'importance de la motivation et de l'institution dépend de la politique économique de l'État. Dans les conditions où les problèmes de croissance et de développement économiques dans notre pays sont devenus plus urgents, l'étude des questions théoriques et appliquées sur ce sujet mérite une analyse et une étude plus approfondies. Cela peut contribuer au choix d'orientations efficaces pour le développement de la production, à l'augmentation du taux de croissance économique et à l'amélioration du niveau de bien-être matériel de la population [66].
La croissance économique, dans sa forme la plus courante, fait référence aux changements quantitatifs et qualitatifs de la production et de ses facteurs.
Dans la théorie économique moderne, la croissance économique signifie des changements à long terme dans la production réelle. L'essence de la croissance économique réelle est la résolution et la restauration à un nouveau niveau des oppositions critiques de l'économie : entre des ressources productives limitées et des besoins sociaux illimités. Cette contradiction peut être résolue de deux manières :
1) Augmentation des ressources productives ;
2) l'utilisation la plus efficace possible des ressources de production existantes et le développement des besoins sociaux.
La croissance économique d'une entreprise dépend principalement de la croissance d'indicateurs tels que
- la quantité de produits fabriqués en termes physiques ;
- des recettes ;
- profit et autres.

Cependant, dans des conditions réelles, une augmentation de certains indicateurs peut s'accompagner d'une stabilité ou même d'une baisse d'autres indicateurs (par exemple, les revenus de l'entreprise ont augmenté, mais le bénéfice du bilan a diminué en raison d'une augmentation des coûts de production)[38]. [38].
La croissance économique de l'entreprise est fournie par les indicateurs suivants (Fig. 1.1).

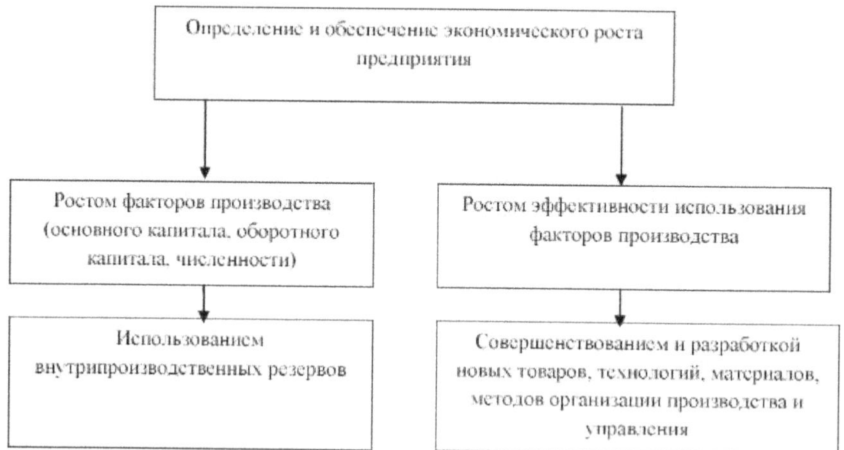

Figure 1.1 - Définir et assurer la croissance économique au niveau de l'entreprise

Dans l'étude de la croissance économique, on utilise souvent les termes "qualité de la croissance économique" ou "efficacité de la croissance économique", qui reflètent en fait les capacités de développement d'une organisation à long terme.
La croissance économique de chaque entreprise a toujours une certaine limite (en particulier la capacité de production limitée de l'entreprise), qui ne peut être surmontée que par un développement global des activités de l'entreprise à un niveau qualitativement nouveau. La croissance économique doit être systémique, durable, autosuffisante et innovante. Il ne s'agit pas de la vitesse de la croissance (une accélération artificielle se traduit tôt ou tard inévitablement par une évolution en sens inverse). Il s'agit de la nature évolutive, systémique et irréversible de la croissance. Une croissance économique continue permet une inertie du trafic, ce qui donne du temps et des opportunités supplémentaires pour surmonter les situations économiques défavorables aux niveaux macro et microéconomiques.
Lorsque l'on examine la croissance économique en détail, les "dimensions" suivantes sont souvent mises en avant :

- temporaire ;
- l'industrie ;
- sociale ;
- innovante et d'autres.

La mesure du temps reflète l'évolution quantitative des indicateurs individuels de la réussite de l'entreprise sur une certaine période et est évaluée en unités naturelles, ainsi que par des taux de croissance et des taux de croissance. En étudiant une période suffisamment longue, ils construisent souvent des tendances d'indicateurs individuels reflétant la tendance générale de leur changement [38].

La dimension sectorielle est déterminée par la croissance de la production des seuls produits sectoriels dans l'activité globale de l'entreprise. Cette croissance peut être considérée comme une estimation en nature, en coût et en main-d'œuvre. La part de l'entreprise sur le marché sectoriel des produits concernés, ses avantages concurrentiels et ses perspectives de développement au sein de l'industrie sont également évalués [47].

La dimension sociale s'exprime dans l'augmentation des garanties sociales du développement de l'entreprise et est déterminée par : la croissance des salaires moyens, l'offre de conditions de travail qualitativement nouvelles, l'offre d'avantages sociaux supplémentaires, l'amélioration des qualifications des employés, la réduction de la rotation du personnel, etc. [39]

Les objectifs du développement social de l'entreprise sont les suivants :

1. Améliorer la structure organisationnelle de la gestion, assurer la composition, le nombre et les qualifications nécessaires du personnel, la formation et le recyclage des employés, les méthodes et les formes de motivation pour le développement professionnel et l'évolution de la carrière.
2. Amélioration des conditions de travail : sanitaires et hygiéniques, ergonomiques, tout en garantissant la santé et la sécurité au travail.
3. Amélioration du système d'incitations morales et matérielles pour accroître l'efficacité de la main-d'œuvre.
4. Création de conditions permettant de libérer le potentiel intellectuel et professionnel de chaque employé.
5. Créer et maintenir une atmosphère socio-psychologique saine et des relations interpersonnelles optimales au sein de l'équipe.
6. Améliorer le bien-être des employés et de leurs familles en leur offrant : une augmentation de salaire, une amélioration des conditions de logement, des services sociaux et domestiques (jardins d'enfants, crèches, polycliniques, chèques sanatorium, activités de loisirs, etc.

La dimension de l'innovation est déterminée par le niveau d'activité dans l'introduction d'un large éventail d'innovations dans les domaines suivants : développement de produits nouveaux et modernisés, développement de nouvelles technologies, utilisation d'outils de travail plus avancés, de méthodes de gestion, de technologies de l'information, etc.

Les problèmes centraux de la croissance économique sont d'assurer son efficacité et sa qualité [25].

L'efficacité de la croissance économique est comprise comme l'amélioration de tous les indicateurs d'un concept tel que "l'efficacité de la production".

Le concept de "qualité de la croissance économique" signifie le renforcement de son orientation sociale, c'est-à-dire l'amélioration du niveau de vie de la population.

La figure 1.2 résume les types de croissance économique.

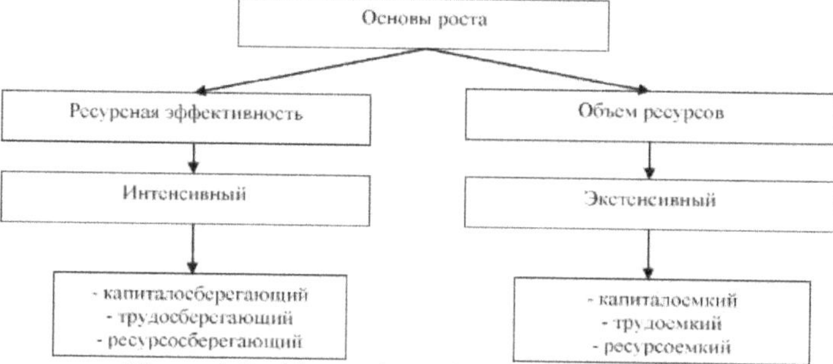

Figure 1.2 - Types de croissance économique

1. le mode de développement extensif implique une augmentation de la production (ou d'autres indicateurs de croissance) au détriment d'une augmentation de la main-d'œuvre et des ressources matérielles utilisées dans la production, ainsi que des moyens de travail (c'est-à-dire pratiquement sans augmentation significative de l'efficacité de leur utilisation), mais seulement au détriment de leur augmentation absolue.

Le développement extensif d'une entreprise peut être :

- passive, lorsque l'augmentation de la base matérielle et technique de la production conduit soit à une légère augmentation des indicateurs résultants et des indicateurs d'efficacité (dans une fourchette de 5 à 10 %), soit à une stabilité des indicateurs considérés, soit même à leur diminution ;
- actif, lorsqu'une croissance significative des ressources utilisées par l'entreprise entraîne une augmentation notable des indicateurs qui en résultent et des indicateurs de l'efficacité de leur utilisation.

Lors de l'utilisation de la voie de développement extensive, il est conseillé de prendre en compte trois groupes de facteurs :

1) l'augmentation du potentiel économique, qui implique une augmentation des actifs fixes et courants, ainsi que du nombre de salariés de toutes catégories et des ressources financières ;
2) Augmentation de la durée de fonctionnement et de la quantité de ressources utilisées par :
- l'augmentation du temps de fonctionnement des équipements (travail posté),
- l'augmentation des réserves de fonds de roulement,
- le recours aux heures supplémentaires, etc.
3) l'élimination des facteurs qui réduisent l'efficacité de la production :
- réduire les temps d'arrêt des équipements,

- Amélioration de la technologie de production par opération,
- Réduction des temps d'attente inter-opérationnels et inter-ateliers,
- l'accélération de la mise en service des nouveaux équipements,
- le développement professionnel du personnel, etc.

2. Le mode de développement intensif s'appuie sur le progrès scientifique et technologique, c'est-à-dire.. :

- l'amélioration des techniques de production et de la technologie,
- l'amélioration de la qualité des produits et de la gestion des entreprises, etc.

L'objectif et le résultat de cette voie sont d'accroître l'efficacité de la production dans son ensemble, ainsi que d'améliorer l'efficacité de l'utilisation de toutes les ressources et d'augmenter la production sur cette base. Dans ce cas, il est important de prendre en considération les groupes de facteurs suivants (Fig. 1.3).

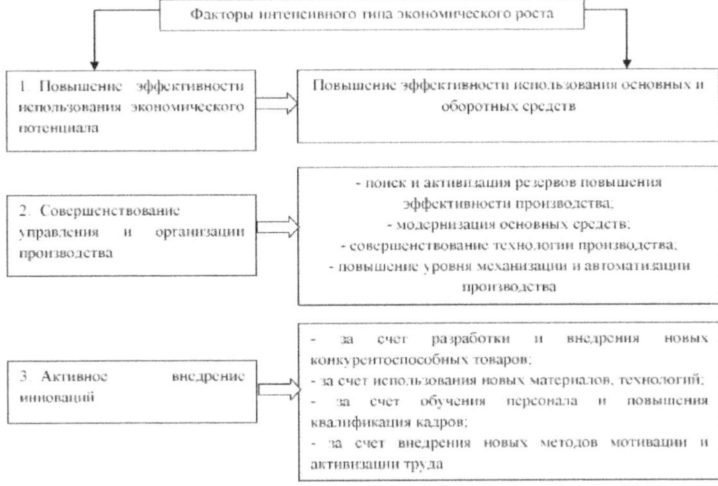

Figure 1.3 - Facteurs de la croissance économique de type intensif [66]

Notons les principaux facteurs de développement des entreprises :

- accroître le potentiel économique de l'entreprise ;
- l'augmentation des immobilisations corporelles ;
- l'augmentation du fonds de roulement ;
- l'augmentation du nombre de salariés ;
- l'élimination des facteurs qui réduisent le niveau de production ;
- la réduction des temps d'arrêt des équipements ;
- Amélioration des technologies de production au cas par cas ;
- l'adoption rapide de nouveaux équipements ;
- le développement du personnel ;
- l'augmentation des réserves de fonds de roulement ;

- le recours aux heures supplémentaires, etc.

Le mode de développement équilibré, qui implique une combinaison de modes de développement extensifs et intensifs, à condition que l'efficacité de l'activité économique de l'entreprise dans son ensemble et l'efficacité de l'utilisation des ressources augmentent plus rapidement que l'augmentation des fonds investis. Dans ce cas, les fonds de l'entreprise sont dirigés vers différents domaines d'activité en fonction de la nécessité de leur développement.

Les modèles modernes de croissance économique ont évolué à partir de deux sources : la théorie néoclassique de la production et la théorie keynésienne de l'équilibre macroéconomique. Le modèle néoclassique est basé sur la fonction de production Cobb-Douglas. Lorsqu'ils analysent la croissance économique, les néoclassiques partent du principe suivant : la valeur de la production est créée par tous les facteurs de production. En outre, la théorie néoclassique utilise le modèle de Solow et le modèle multifactoriel d'E. Denison. Les néo-keynésiens, lorsqu'ils analysent la croissance économique, partent du principe suivant : ils considèrent la croissance économique principalement du point de vue des facteurs de demande et la relient directement au processus d'accumulation. Les modèles néo-keynésiens les plus connus sont celui d'E. Domar, basé sur le multiplicateur d'investissement, et celui de R. Harrod, basé sur la théorie de l'accélérateur.

1.2.Sécurité économique de l'entreprise : conditions et facteurs de sa mise en place

La sécurité économique de l'entreprise est un état de protection contre l'impact négatif des menaces externes et internes, des facteurs de déstabilisation, dans lequel la mise en œuvre durable des principaux intérêts et objectifs commerciaux des activités statutaires est assurée [23].

La sécurité économique est un système de prévention des risques et de prévention des différents types de menaces qui résulte de l'utilisation la plus efficace possible des ressources de l'entreprise. La contribution la plus importante dans ce domaine a été apportée par le scientifique russe E. A. Oleinikov. Il considère les processus d'entreprise d'une organisation ayant un contenu fonctionnel différent comme une structure unique avec des interrelations interfonctionnelles et un rôle dans la garantie de la sécurité économique, d'où l'approche dite ressource-fonctionnelle [33].

Dans les conditions actuelles, le bon fonctionnement et le développement économique des entreprises industrielles et des sociétés dépendent du travail de la structure de sécurité économique et du degré de réduction et de prévention des risques. L'approche la plus justifiée, d'un point de vue scientifique, est l'approche par processus, basée sur la considération de la sécurité économique des entreprises comme un processus, affectant de manière économiquement bénéfique tous les principaux processus de l'organisation qui créent de la valeur ajoutée. Il n'est pas correct de considérer la sécurité économique d'une entreprise comme un phénomène fixe une fois pour toutes, mais dans une certaine période de réalisation d'objectifs stratégiques, la sécurité économique est un système avec certains paramètres organisationnels, juridiques, techniques et économiques. Les principaux paramètres du système sont des caractéristiques qui ne changent que lorsque le système lui-même change, c'est-à-dire qu'ils sont constants pour un système donné. Les paramètres économiques jouent un rôle important dans le système de gestion de l'organisation [23].

La sécurité économique est un sous-système qui garantit le fonctionnement efficace de toutes les parties de l'entreprise, contribue à la réalisation des indicateurs stratégiques prévus et confère stabilité et fiabilité au système de gestion en neutralisant et en réduisant les risques [41]. La nécessité de se conformer constamment à la sécurité économique est prédéterminée par le besoin objectif de chaque entité commerciale de garantir un fonctionnement stable et d'atteindre les objectifs de l'entreprise [19].

Le niveau de sécurité économique d'une entreprise dépend de l'efficacité avec laquelle ses dirigeants et spécialistes (managers) sont capables d'éviter les menaces éventuelles et d'éliminer les conséquences néfastes de certaines composantes négatives de l'environnement externe et interne.

Les sources d'influence négative sur la sécurité économique d'une entreprise (organisation) peuvent être la sécurité économique et la sécurité nationale :

- les actions conscientes ou inconscientes de fonctionnaires individuels et d'entités commerciales (autorités publiques, organisations internationales, concurrents) ;
- un concours de circonstances objectives (l'état des conditions financières sur les marchés d'une entreprise donnée, les découvertes scientifiques et les développements technologiques, les cas de force majeure, etc.)

En fonction de la conditionnalité subjective, les effets négatifs sur la sécurité économique peuvent être objectifs ou subjectifs. Les influences négatives objectives sont celles qui surviennent sans qu'il y ait faute de l'entreprise elle-même ou de ses employés. Les influences subjectives sont le résultat d'un travail inefficace de l'entreprise dans son ensemble ou de ses employés (principalement les cadres et les responsables fonctionnels) [43].

L'objectif principal de la sécurité économique d'une entreprise est d'assurer la continuité et l'efficacité maximale de son fonctionnement actuel et son potentiel de développement élevé à l'avenir.

Les objectifs fonctionnels de la sécurité économique de l'entreprise découlent de cet objectif :

- garantir l'efficacité financière, la stabilité et l'indépendance de l'entreprise ;
- assurer l'indépendance technologique et atteindre un haut niveau de compétitivité de son potentiel technique ;
- une grande efficacité de gestion, d'optimisation et de l'efficacité de sa structure organisationnelle ;
- un niveau élevé de qualification du personnel et de potentiel intellectuel, l'efficacité de la R&D de l'entreprise ;
- minimiser l'impact destructeur des résultats des activités de production sur l'environnement ;
- une protection juridique qualitative de tous les aspects des activités de l'entreprise ;
- assurer la protection du domaine de l'information et des secrets commerciaux et atteindre le niveau requis de soutien à l'information pour le travail de toutes les subdivisions ;
- assurer la sécurité du personnel de l'entreprise, de son capital et de ses biens, ainsi que de ses intérêts commerciaux.

Les composantes fonctionnelles de la sécurité économique d'une entreprise ont cette structure typique.

Financier : utiliser les ressources de l'entreprise de la manière la plus efficace possible.

Intellectuel et personnel : préservation et développement du potentiel intellectuel de l'entreprise ; gestion efficace du personnel.

Techno-technologique : le degré de conformité des technologies appliquées à l'entreprise avec les meilleures analogues mondiales en termes d'optimisation des coûts des ressources.

Politique et juridique : soutien juridique complet des activités de l'entreprise, respect de la législation en vigueur.

Informationnel : information efficace et soutien analytique de l'activité économique de l'entreprise (organisation).

Environnement : respect des réglementations environnementales applicables, minimisation des pertes dues à la pollution de l'environnement.

Force : assurer la sécurité physique des employés de l'entreprise (principalement les gestionnaires) et la préservation de ses actifs.

L'un des éléments les plus importants du système de sécurité de l'entreprise est son mécanisme, qui est un ensemble d'actes législatifs, de normes juridiques, d'incitations et d'encouragements, de méthodes, de mesures, de forces et de moyens permettant d'assurer la réalisation des objectifs de sécurité et la résolution des tâches à accomplir.

L'approche systémique de la formation du mécanisme de sécurité économique de l'entreprise implique qu'il est nécessaire de prendre en compte toutes les conditions réelles de ses activités, et le mécanisme lui-même devrait avoir des éléments clairement délimités, le schéma de leur action et de leur interaction. La structure du mécanisme de garantie de la sécurité économique de l'entreprise se compose de plusieurs blocs, dont l'action simultanée vise à assurer une reproduction suffisante du capital de l'entreprise, des bénéfices perçus à la suite du respect des intérêts de l'entreprise, c'est-à-dire à la suite de l'interaction entre l'entreprise et les sujets de l'environnement extérieur. Le mécanisme de garantie de la sécurité économique de l'entreprise peut avoir un degré différent de structuration et de formalisation [55].

L'action du mécanisme de garantie de la sécurité économique de l'entreprise vise à formaliser, sur le plan organisationnel, l'interaction de l'entreprise avec les sujets de l'environnement extérieur. Le résultat du fonctionnement de ce mécanisme est la réception des ressources et des informations nécessaires à l'organisation du processus de production conformément au système d'intérêts prioritaires de l'entreprise, la minimisation des coûts d'acquisition des ressources en quantité et en qualité requises. L'affirmation faite précédemment sur la sécurité économique de l'entreprise à but lucratif nous permet d'évaluer le rôle et l'objectif du mécanisme dans la garantie de la sécurité économique de l'entreprise. Il est conçu pour organiser l'interaction de l'entreprise avec les sujets de l'environnement externe qui sont prioritaires pour l'entreprise. Le choix des intérêts prioritaires permet de limiter la taille du mécanisme de garantie de la sécurité économique de l'entreprise et d'y concentrer l'attention sur les partenaires réellement importants pour l'entreprise.

L'objectif principal du mécanisme de garantie de la sécurité économique de l'entreprise est de créer et de mettre en œuvre des conditions qui garantissent la sécurité économique de l'entreprise. Ces conditions sont déterminées en fonction du critère de la sécurité économique et de son niveau. Comme conditions les plus importantes prises en compte dans la structure du mécanisme de garantie de la sécurité économique de l'entreprise, nous avons choisi la minimisation des coûts de l'entreprise, l'adaptation aux innovations et l'expansion de l'utilisation des services de l'infrastructure du marché. Il semble que ces conditions puissent avoir l'impact le plus significatif sur la formation du profit de l'entreprise, assurant ainsi sa sécurité économique [19].

Le mécanisme doit viser à assurer la sécurité économique des activités de l'entreprise à la fois dans le présent et dans l'avenir. Si le premier cas est dominé par des conditions de sécurité économique telles que la minimisation des coûts et l'extension de l'utilisation des services des entreprises d'infrastructure, dans le

second cas, il s'agit de l'adaptation aux innovations, de l'expansion de la production et de sa diversification.
Chacune de ces conditions pour assurer la sécurité économique de l'entreprise ne peut être considérée isolément, elles sont étroitement liées. Ainsi, la minimisation des coûts d'une entreprise commerciale ne peut être assurée que jusqu'à un certain niveau, sur la base d'efforts organisationnels garantissant le respect du régime d'économie des ressources, de changements dans le système d'organisation des processus commerciaux, de la libération et de la vente des stocks excessifs, etc. Une fois ce niveau atteint, il est nécessaire d'introduire de nouveaux équipements et de nouvelles technologies permettant de réduire considérablement les coûts de livraison, de stockage et de réalisation des marchandises.
La mise en œuvre de chacune des conditions proposées pour assurer la sécurité économique de l'entreprise est possible soit en recourant à des mesures organisationnelles qui, en règle générale, ne nécessitent pas d'investissement (ou alors de manière insignifiante), soit en attirant un certain montant d'investissement. Dans le premier cas, il s'agit de créer les conditions permettant d'assurer la sécurité économique de l'entreprise sans recourir à l'investissement, alors que dans le second cas, la création des conditions doit être considérée comme une activité à forte intensité de capital. Il est clair qu'en cas de manque de profit, les entreprises doivent d'abord réaliser les conditions permettant d'assurer leur sécurité économique qui ne nécessitent pas de soutien à l'investissement. Ce n'est qu'après avoir mis en œuvre les mesures à faible intensité de capital destinées à assurer leur sécurité économique que les entreprises doivent passer à la mise en œuvre des conditions nécessitant un soutien à l'investissement [64].
La minimisation des coûts de l'entreprise est considérée comme un concept complexe, comprenant la minimisation des coûts fixes et variables des ventes de produits. L'attention accrue portée aux coûts variables est également due à leur rôle dans la génération de bénéfices, réalisé par l'effet de levier de la production.
La minimisation des coûts de l'entreprise est proposée en augmentant l'efficacité de l'utilisation des ressources et en éliminant les incohérences dans l'utilisation des ressources. Dans leur forme la plus générale, ces incohérences se réduisent à ce qui suit : le volume des ressources entrantes ne correspond ni aux besoins ni au volume des ventes de l'entreprise. Si le premier type d'incohérence dans l'utilisation des ressources est caractéristique des ressources matérielles et informationnelles, c'est-à-dire des ressources qui arrivent périodiquement dans l'entreprise, le second est plus fréquent dans l'utilisation de ressources telles que les ressources en main-d'œuvre et le fonds de roulement, dont l'entreprise

dispose pendant un certain temps. Les incohérences dans l'utilisation des ressources de l'entreprise entraînent l'apparition de coûts improductifs liés à la rémunération de la main-d'œuvre, au stockage des stocks de matières et d'informations, au maintien de l'équipement en état de fonctionnement. L'élimination des incohérences dans l'utilisation des ressources entrant dans l'entreprise est considérée comme un processus de nature continue ou discrète [55].

Le mécanisme de garantie de la sécurité économique de l'entreprise doit également permettre d'identifier les écarts entre les ressources de l'entreprise et le volume de ses ventes. Dans le processus de détermination de la correspondance entre le montant des ressources disponibles pour l'entreprise et le volume potentiel des ventes, le bloc analytique, qui compare le montant des ressources et le volume potentiel des ventes, est le plus important. Le bloc analytique est non seulement le plus important, mais aussi le plus laborieux et le plus complexe, car les outils analytiques utilisés pour identifier la correspondance entre la valeur des ressources et le volume des ventes dépendent du type de ressources et des spécificités des processus commerciaux de l'entreprise [28].

Il est possible d'identifier la conformité des ressources en main-d'œuvre de l'entreprise avec le volume des ventes sur la base de la modification de l'analyse de l'équilibre de l'activité de l'entreprise, présentée dans le livre de V.L. Nechaev "Analyse de l'équilibre financier de l'entreprise...". Cette analyse est effectuée à partir de deux positions : soit à partir de l'effectif existant et du prix de son travail, soit à partir du maintien du volume de ventes existant. Les résultats de cette analyse servent de base à la prise d'une décision de gestion concernant soit le volume de ventes nécessaire, soit le nombre approprié de personnel. La base de l'analyse de la première position - de la position d'augmentation du volume des ventes - est le rapport entre la valeur des coûts fixes et des coûts de personnel et la part du volume des ventes moins les coûts variables qui peut être utilisée pour les couvrir [55].

Le respect des intérêts de l'entreprise exige un développement continu de son potentiel de production par la mise en œuvre d'innovations techniques et organisationnelles. Le critère dominant pour la sélection des innovations est l'évaluation des innovations du point de vue de la demande des produits réalisés par l'entreprise par les consommateurs, puisque cette demande est largement liée aux intérêts de l'entreprise. L'une des orientations garantissant la sécurité économique de l'entreprise consiste à développer l'utilisation des services d'infrastructure du marché. Cette affirmation repose sur le fait que l'utilisation des services d'infrastructure de marché permet :

- recevoir des services de qualité de la part d'entreprises spécialisées dans un type d'activité particulier ;
- Réduire le nombre d'employés en ne réalisant pas certaines activités et en les confiant à des tiers ;
- accroître le niveau de spécialisation de l'entreprise, tant au niveau de la production que de la gestion, car cela permet de réduire le nombre d'activités de l'entreprise.

L'action du mécanisme de garantie de la sécurité économique de l'entreprise ne vise pas seulement à assurer la sécurité économique, mais une sécurité d'un certain niveau, qui dépend des particularités des activités de l'entreprise et de l'interaction avec les sujets de l'environnement extérieur. À cet égard, l'un des éléments du mécanisme est l'évaluation du niveau de sécurité économique, qui doit être précédée par le choix des critères de sécurité économique et de son niveau.

Le système de sécurité économique de l'entreprise et le mécanisme de sa mise en œuvre prévoient la résolution des tâches de sécurité économique non seulement par une unité spécialement créée à cet effet, mais aussi avec la participation active de tous les départements et services de l'entreprise dans les limites des responsabilités attribuées aux chefs des unités structurelles en matière de sécurité. Il convient de rappeler que le rôle principal dans la garantie de la sécurité économique de l'entreprise revient à son personnel, le potentiel ou la ressource en personnel étant la principale ressource de l'entreprise. Il est le seul à pouvoir apporter des bénéfices, mais en même temps, le personnel est la source de toutes les menaces internes à la sécurité économique et, en fin de compte, la clé du succès de toute innovation managériale est la loyauté et la motivation des employés.

La sécurité économique d'une entreprise peut être évaluée à l'aide de différents critères :

1. Côté organisationnel - dans ce cas, il s'agit de préserver à la fois l'entreprise elle-même et son intégrité organisationnelle, le fonctionnement normal des principales unités (départements, services, etc.). Les principales divisions de l'entreprise (par exemple, le service d'approvisionnement, le service de production, le service financier ou comptable, le service de marketing) remplissent toutes leurs fonctions pour atteindre l'objectif principal de l'entreprise.
2. Sur le plan juridique, il s'agit d'assurer en permanence la conformité des activités de l'entreprise avec la législation en vigueur, ce qui se traduit par l'absence de réclamations de la part des autorités chargées de l'application de la loi (ou des contreparties) à l'égard de l'entreprise. En outre, il n'y a pas de pertes

liées à des transactions avec des partenaires externes en raison d'une violation de la loi par ces derniers (intentionnellement ou non). Ceci est garanti par l'expertise juridique de toutes les opérations et transactions effectuées et des contrats conclus.

3. Côté information - la sécurité peut être évaluée comme le maintien d'un état de protection des informations confidentielles internes contre les fuites ou les divulgations sous diverses formes.

4. L'aspect économique se manifeste par la stabilité ou la tendance à la hausse des principaux indicateurs financiers et économiques de l'activité de l'entreprise (tels que les capitaux propres, le chiffre d'affaires annuel, les bénéfices, la rentabilité). Ils reflètent les résultats globaux de la sécurité sur les plans organisationnel, juridique, informationnel et économique. Il peut s'agir d'indicateurs tels que l'absence d'amendes, de sanctions de la part des autorités publiques pour violation de la législation (par exemple, fiscale, antitrust), l'absence de pertes liées à des transactions avec des contreparties déloyales [38].

La figure 1.4 présente le mécanisme organisationnel permettant d'assurer la sécurité économique de l'entreprise.

Figure 1.4 - Mécanisme organisationnel permettant d'assurer la sécurité économique de l'entreprise [19]

Ainsi, dans sa forme la plus générale, la sécurité économique d'une entreprise est attestée par son maintien en tant qu'entité structurelle intégrale et personne morale et par les valeurs stables ou croissantes des principaux indicateurs financiers et économiques. Toutefois, des indicateurs spécifiques de sa sécurité peuvent être utilisés en relation avec un aspect particulier de l'activité de l'entreprise.

1.3 Classification des menaces affectant la croissance économique et le niveau de sécurité économique de l'entreprise

Dans les conditions actuelles, le rôle de la sécurité du fonctionnement des objets commerciaux est de plus en plus important. Du point de vue de la sécurité, la menace est un ensemble de facteurs et de conditions qui contribuent à la réalisation d'un danger pour un objet particulier à un certain moment ou intervalle de temps.

1. La mondialisation des processus politiques, sociaux et économiques exacerbe la concurrence, rend l'information plus accessible aux concurrents et les entreprises plus dépendantes et vulnérables. La question de la protection des entreprises contre les menaces extérieures se pose avec une acuité particulière : changements de politique douanière, application de sanctions, émergence d'acteurs étrangers, instabilité politique, etc. Aujourd'hui, les menaces proviennent de pays concurrents qui ne sont pas intéressés par le développement de la Russie [17].

L'imposition de sanctions visant à restreindre l'accès aux capitaux et la fourniture d'équipements de haute technologie pour le développement des industries de l'électronique, du pétrole, du gaz et de l'énergie ne contribue pas à la puissance économique et au commerce du pays. L'affaiblissement de la sécurité nationale entraîne l'affaiblissement de la sécurité économique au niveau des organisations. Le même postulat s'applique au niveau microéconomique : la sécurité économique fédérale ne peut être assurée que si la sécurité économique et organisationnelle régionale est garantie. La garantie de la fonction de sécurité économique de l'État s'étend à tous les niveaux de gestion et affecte les intérêts des entreprises industrielles, des institutions financières, de l'information et de la technologie,

les entreprises agricoles, les banques et d'autres institutions. Les menaces internes sont également dangereuses : licenciement des cadres supérieurs, mauvaise conduite des cadres moyens, violations de la législation, corruption. Assurer la sécurité de l'entreprise est considéré comme un processus d'élimination des menaces par la création de conditions et d'un climat de production favorables, la formation d'une culture d'entreprise. La base de la sécurité de l'entreprise est le degré de protection, ce critère étant utilisé pour juger de la fiabilité de l'entreprise. Si l'entreprise est fiable, le processus de gestion de l'entreprise peut être considéré comme stratégique. Il en résulte un certain nombre d'avantages : la possibilité d'attirer des capitaux à long terme et de planifier des perspectives, d'attirer des partenaires, d'augmenter la valeur de l'entreprise, la possibilité d'augmenter la valeur marchande des actions, etc. La caractéristique de fiabilité s'applique pleinement à l'aspect financier de l'activité de l'entreprise.

Il est très important de comprendre les relations de cause à effet dans les différents phénomènes de l'activité financière et économique de l'entreprise. Cela est nécessaire, tout d'abord, pour identifier et localiser avec précision les causes profondes, les sources de menaces, ainsi que pour déterminer les méthodes permettant de les éliminer.

Les relations de cause à effet au sein de l'entreprise constituent la base de la prise de décision dans la vie financière et économique de l'entreprise. L'analyse constante des événements dans l'activité de l'organisation permet de créer une base significative de sources de menaces et de lieux où elles se produisent.

Les menaces qui pèsent sur la sécurité économique peuvent être considérées comme un phénomène à la fois négatif et positif. Premièrement, une situation ne peut être perçue négativement si les dirigeants et le personnel en général ont été préparés à percevoir cette situation. Deuxièmement, si les ressources humaines ne sont pas préparées à des situations négatives, elles ne seront pas en mesure de travailler dans l'environnement changeant du marché et d'en tirer profit. Les événements négatifs doivent être orientés dans une direction positive, en utilisant toutes les méthodes d'analyse : analyse SWOT, méthodes factorielles, méthodes situationnelles, méthodes de modélisation stratégique et prévision de variantes d'événements futurs.

Les menaces qui pèsent sur la sécurité économique peuvent être considérées comme un phénomène à la fois négatif et positif. Premièrement, une situation ne peut être perçue négativement si les dirigeants et le personnel en général ont été préparés à percevoir cette situation. Deuxièmement, si les ressources humaines ne sont pas préparées à des situations négatives, elles ne seront pas en mesure de travailler dans l'environnement changeant du marché et d'en tirer profit. Les événements négatifs doivent être orientés dans une direction positive, en utilisant toutes les méthodes d'analyse : analyse SWOT, méthodes factorielles, méthodes situationnelles, méthodes de modélisation stratégique et prévision de variantes d'événements futurs.

Les menaces qui pèsent sur la sécurité économique peuvent être classées en plusieurs catégories :

- la probabilité d'occurrence (majeure, mineure, catastrophique) ;
- la gravité des conséquences de la manifestation (élevée, importante,

moyenne, faible) ;

- l'objet des menaces (informations, biens matériels et immatériels, personnel, réputation de l'entreprise) ;
- l'objet des menaces (structures criminelles, concurrents, contreparties, personnel de l'entreprise) ;
- prévisibilité (prévisible, non prévisible) ;
- la source d'origine (criminelle, naturelle, informationnelle, etc.) ;
- par rapport à la portée des menaces (externes et internes).

La classification des menaces en fonction de la sphère d'occurrence des menaces est assez souvent utilisée. La sphère d'occurrence des menaces externes est l'environnement externe de l'entreprise. Des changements négatifs dans l'environnement externe, qui se traduisent par un durcissement des conditions de fonctionnement de l'entreprise, peuvent causer de graves dommages aux activités de l'entreprise (Fig. 1.5).

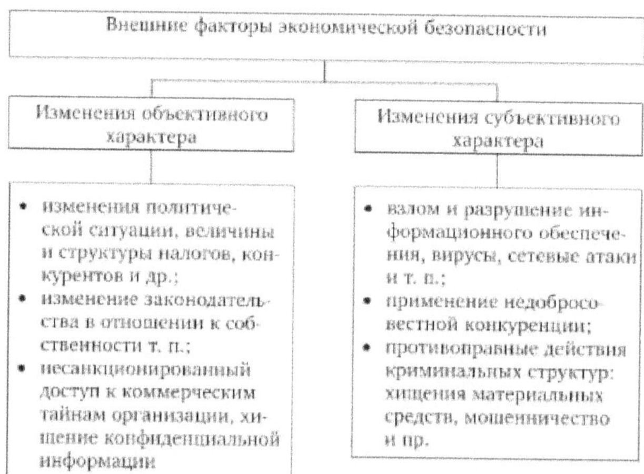

Figure 1.5 - Classification des facteurs externes de la sécurité économique

Les menaces internes sont liées aux activités du personnel. Les employés de l'entreprise peuvent, consciemment ou inconsciemment, constituer une menace en raison d'une qualification insuffisante, de l'initiation consciente de conflits, de la divulgation d'informations confidentielles sur les innovations mises en œuvre, les technologies, les résultats de l'expertise, etc. Les menaces internes sont liées à des questions de droit industriel et d'information sur les activités des employés et peuvent causer de graves dommages à l'entreprise.

Les menaces peuvent se transformer en dommages réels si la direction de l'entreprise et le service de sécurité économique ne tentent pas d'influencer cette menace ou si la menace n'est pas du tout identifiée. Le préjudice (dommage)

causé à une entreprise peut se calculer en millions et en milliards de roubles. Après avoir subi de graves pertes, une entreprise peut rarement poursuivre ses activités avec succès pendant une longue période.

Les conséquences de la réalisation de ces menaces sont souvent la faillite de l'entreprise. Les menaces de gravité moyenne peuvent également causer des dommages. La prévention de ces menaces nécessite l'utilisation des ressources de l'entreprise. Dans le cas de menaces de faible gravité, l'entreprise n'est pas sérieusement menacée et subit rarement des pertes dans ses activités courantes. Les menaces de faible gravité peuvent entraîner un déséquilibre temporaire dans l'unité structurelle de l'entreprise : par exemple, un conflit entre les employés de l'atelier de production et la direction au sujet d'une distribution inéquitable des primes. Une telle menace peut avoir des conséquences graves (par exemple, une grève des travailleurs de l'ensemble de l'usine) si la direction de l'entreprise n'éteint pas le conflit à temps ; mais si des mesures sont prises à temps, le conflit sera temporaire et insignifiant. Lors de l'identification des menaces, la probabilité de manifestation de telle ou telle menace revêt une grande importance. Si la probabilité de manifestation d'une menace est faible et que son influence sur le résultat de l'activité économique est minime, la menace ne sera pas dangereuse pour l'entreprise. En revanche, si la probabilité et la force de l'impact augmentent, la menace représentera un danger de plus en plus grave.

Selon S. M. Shkarlet, assurer la sécurité économique est un processus systémique qui combine trois composantes principales :

1) diagnostic et évaluation des critères financiers, économiques, opérationnels et organisationnels pour l'identification précoce des sources de manifestations dangereuses pour l'activité de l'entreprise ;
2) l'application en temps utile d'un catalogue pertinent de mesures anti-crise (stabilisation) pour neutraliser les facteurs internes et externes ;
3) Formation d'un système de recommandations et de mesures visant à créer un avantage concurrentiel et à assurer le développement de l'entreprise à tous les stades de sa vie et de ses cycles opérationnels.

L'entreprise cherche à opérer dans des conditions où un ensemble de facteurs externes et internes affectent positivement les indicateurs clés de performance et contribuent à la réalisation de l'objectif stratégique de l'entreprise. Étant donné que l'objectif de l'entreprise à court terme est d'obtenir un profit maximal, le désir de réduire et de neutraliser le risque est dû à des raisons économiques, à la nécessité de réduire les coûts et d'accroître la compétitivité de l'entreprise. La présence d'avantages concurrentiels permet à l'entreprise de faire face aux menaces plus facilement que les entreprises similaires sur le marché, ce qui permet de les réduire ou de les neutraliser.

Les modèles mathématiques qualitatifs sont utilisés pour prévoir les principaux facteurs affectant l'entreprise de manière négative ou positive. Un exemple de prévision est celui des modèles bien développés de prévision des revenus futurs (approche par les revenus, où les flux de valeur futurs actualisés de l'entreprise, ramenés à la valeur actuelle, incluent tous les types de risques reflétés dans le taux d'actualisation).

Si l'on considère les causes et les facteurs affectant le risque, les facteurs sont des circonstances qui favorisent ou contrecarrent le risque, et les causes sont les sources d'activité des processus qui génèrent le risque.

Facteur de sécurité économique - une raison qui entraîne un changement dans un ou plusieurs indicateurs de sécurité économique.

Les indicateurs de sécurité économique sont présentés dans la figure 1.6.

Figure 1.6 - Indicateurs de la sécurité économique de l'entreprise

La tâche principale de l'analyse factorielle est d'identifier le degré d'impact négatif de chaque facteur sur la sécurité économique de l'entreprise. Ce travail peut être comparé à l'établissement du diagnostic d'une maladie et de ses causes. Un médecin doit appliquer un médicament qui neutralise la maladie, mais il faut d'abord identifier les causes de la maladie afin d'exclure ou de réduire la probabilité de rechute. Par analogie, un gestionnaire doit identifier les causes des événements négatifs, appliquer les moyens, outils et méthodes qui neutralisent les actions des facteurs qui affectent négativement le niveau de sécurité économique de l'entreprise.

La complexité de ce processus réside dans le fait que le niveau de sécurité économique est une valeur intégrale de ses éléments constitutifs, et dans le cas de l'établissement des causes, il est nécessaire de considérer de nombreuses options. La mise en œuvre de l'approche processus sur le schéma d'Ishikawa (relations de cause à effet) augmente la possibilité d'identifier les facteurs négatifs affectant la sécurité économique. La sécurité économique, en tant qu'élément du système de gestion de l'entreprise, est parfaitement cohérente avec les objectifs stratégiques. Par exemple, si l'objectif stratégique de l'entreprise est d'accroître sa compétitivité, l'objectif du système de sécurité économique est d'assurer la sécurité du fonctionnement de l'entreprise dans le processus de réalisation de cet objectif à tous les niveaux de gestion : opérationnel, tactique et stratégique. Dans ce cas, le service d'audit et d'analyse des risques utilise des méthodes de diagnostic telles que :

- Analyser tous les processus de l'organisation ;
- la décomposition du risque ;
- brainstorming ; méthode de Monte Carlo ;
- vérifier la sensibilité des indicateurs clés aux facteurs négatifs, etc.

Pour garantir la sécurité du fonctionnement de l'entreprise, il est nécessaire d'identifier les facteurs qui affectent le plus fortement l'évolution des indicateurs clés de performance de l'entreprise, de procéder à une évaluation qualitative et quantitative des risques et d'élaborer des mesures visant à réduire ou à éliminer les causes qui affectent les performances financières et économiques de l'organisation (Fig. 1.7).

Figure 1.7 - Relations de cause à effet des événements liés à la sécurité économique

Dans le contexte de la mondialisation, la compétitivité des produits et de l'entreprise dans son ensemble devient un moyen actif d'accroître l'efficacité et d'assurer sa sécurité économique. La sécurité économique de l'entreprise est le maintien d'un fonctionnement stable de l'organisation, malgré la présence de menaces et l'action de facteurs négatifs.

La croissance économique, en tant que condition pour assurer la sécurité économique, est obtenue par :

- assurer la viabilité financière et l'efficacité des opérations ;
- assurer l'indépendance financière et technologique ainsi que la compétitivité ;
- la minimisation des risques ;
- la protection des informations et le respect des secrets commerciaux ;
- la protection juridique de l'entreprise contre la non-conformité de ses activités avec les règles et réglementations en vigueur ;
- la protection par la force du capital, des biens et du personnel de l'organisation.

En conclusion, le résultat financier et économique de l'activité de l'entreprise reflète tous les événements négatifs qui se sont produits à ce moment-là et qui l'ont influencé. L'analyse des relations de cause à effet des événements négatifs permet d'identifier les principales failles et incohérences dans la construction ou le fonctionnement. En même temps, l'objectif principal de la sécurité économique coïncide avec la réalisation des objectifs généraux et des fonctions de l'entreprise - assurer un fonctionnement stable et une efficacité maximale à l'heure actuelle et à l'avenir.

CHAPITRE 2

ANALYSER ET ÉVALUER LE NIVEAU DE SÉCURITÉ ÉCONOMIQUE D'IGRIS LTD.

2.1.Caractéristiques organisationnelles et économiques de l'entreprise

Igris Limited Liability Company est une entité légale opérant au 81 Volchanskaya Street, Belgorod, Région de Belgorod. Cette société a été enregistrée le 27 décembre 2006.

Igris LLC agit sur la base de la Charte (Annexe A). Le nom complet de la société est Igris Limited Liability Company ; le nom abrégé de la société est le même - Igris LLC. L'activité principale sur la base de la charte est le démantèlement et la démolition de bâtiments. L'entreprise a également des activités auxiliaires :

- la construction de bâtiments résidentiels et non résidentiels ;
- la construction d'autoroutes et de routes ;
- la construction d'autres ouvrages d'art ;
- la réalisation de travaux de terrassement ;
- la production de travaux d'installation électrique ;
- la réalisation de travaux sanitaires et techniques, l'installation de systèmes de chauffage et de climatisation ;
- la production d'autres travaux de construction et d'installation ;
- la réalisation de travaux de plâtrerie ;
- la menuiserie et les travaux de menuiserie ;
- travaux de revêtement de sol et de mur ;
- la production de peintures et d'œuvres en verre ;
- la production d'autres travaux de finition et de parachèvement ;
- la production d'ouvrages de couverture ;
- les travaux d'étanchéité.

Le capital autorisé de la société Igris LLC est de 10 000 RUB. Le capital autorisé de la société est constitué de la valeur nominale des actions de ses participants. Le montant du capital autorisé de la société et la valeur nominale des actions des participants de la société sont déterminés en roubles. Le capital autorisé de la société détermine le montant minimum de ses biens garantissant les intérêts de ses créanciers.

Le nombre de salariés de l'entreprise à la fin de l'année 2019 est de 54 personnes. La structure organisationnelle de la direction de l'entreprise est présentée à la figure 2.1.

Figure 2.1 - Structure organisationnelle de la gestion de l'entreprise

Le type de structure organisationnelle de gestion présenté est linéaire-fonctionnel. Le principal avantage de ce type est le suivant :

- une préparation plus approfondie des décisions et des plans relatifs à la spécialisation des travailleurs ;
- la possibilité d'engager des consultants et des experts.

Les principaux inconvénients de ce système sont les suivants :

1. Absence de liens étroits entre les bureaux.
2. La responsabilité n'est pas clairement définie, car le préparateur de la décision n'est généralement pas impliqué dans sa mise en œuvre.
3. Système d'interaction verticale surdéveloppé, à savoir : subordination selon la hiérarchie de gestion, c'est-à-dire tendance à une centralisation excessive.

Directeur de la société "Igris" Bronnikov Sergey Vsevolodovich.

Principales fonctions du directeur :

- la direction générale de l'entreprise ;
- organiser le travail bien coordonné de l'ensemble de l'équipe et de chaque employé individuellement ;
- Créer et maintenir un environnement sûr ;
- veiller à ce que les intérêts de l'entreprise soient protégés, y compris devant les tribunaux ;
- veiller au respect de toutes les obligations d'Igris LLC et à l'achèvement de tous les travaux prévus.

Les fonctions essentielles du directeur financier sont les suivantes

- établir un plan prévisionnel et contrôler sa mise en œuvre dans l'entreprise ;
- fournir les moyens financiers nécessaires au fonctionnement de l'entreprise ;
- Atteindre une performance maximale dans l'entreprise ;
- fournir à la direction et aux autres utilisateurs des informations pour la prise de décisions stratégiques ;
- maintenir une image positive de l'entreprise ;
- assurer la sécurité financière.

La fonction du département des finances et de l'économie comprend :

- le contrôle financier. Il s'agit de la fonction la plus importante. Les employés surveillent l'exécution des plans ainsi que leur élaboration. Le département financier ne doit pas seulement s'occuper de l'analyse et de la comptabilité, mais aussi contrôler l'exécution des processus commerciaux au sein de l'organisation ;
- la gestion des finances. La deuxième fonction du département est de gérer les finances de l'entreprise. En outre, il s'agit de suivre l'état des règlements mutuels et d'établir un calendrier des paiements. Ces tâches ne doivent pas être sous-estimées, car elles constituent la base du département financier.

Les fonctions générales de garantie de la sécurité économique de l'entreprise sont confiées au département de protection de l'entreprise, qui est subordonné au groupe de soutien à l'information. Les principales fonctions de ce département sont présentées dans le tableau 2.1.

Tableau 2.1 - Principales fonctions du département de protection des entreprises de l'entreprise Igris LLC

Nom de la fonction	Caractérisation
Information	- Protection des ressources et des flux d'information sur les entreprise
Technique	- la protection contre les fuites d'informations visuelles ; - la protection contre les fuites acoustiques d'informations.
Personnel	- Assurer la protection physique des employés de l'entreprise ; - la défense juridique ; - la défense psychologique.
Juridique	- le soutien juridique des activités de l'entreprise : les relations avec les partenaires, les concurrents et les fournisseurs
Le personnel	- la protection contre la divulgation d'informations ; - la défense contre la commission d'actes illégaux ; - la défense de l'incompétence.
Financier	- l'intelligence économique ; - la gestion et la minimisation des risques ; la protection contre la fraude.
Ingénierie	- les mesures de prévention des incendies ; - CCTV ;

	- habilitation de sécurité ; - la sécurité du périmètre ; - système d'alarme.
Fonction informatique	- Défense des réseaux ; protection des informations autonomes ; - la protection de l'information lors de la transmission entre objets.

Le directeur adjoint des affaires générales exerce les fonctions suivantes :

- assurer l'information et la sécurité économique de l'organisation. Le spécialiste représenté doit contribuer au développement continu de l'entreprise, ainsi qu'à la formation de réserves de personnel ;
- L'employé est tenu de sélectionner et de former le personnel de manière compétente et efficace. Il est également du ressort du spécialiste d'affecter les employés à certaines missions ; de fournir au personnel des conditions de travail confortables et modernes ;
- Le directeur adjoint des affaires générales maintient en permanence les normes et standards établis. Si nécessaire, des normes sont créées.

Les départements suivants sont subordonnés au directeur adjoint - ingénieur en chef : département mécanique et énergie, section réparation et construction Le département production et technique comprend deux sections de construction.

Igris LLC entretient des relations de partenariat, c'est-à-dire une interaction dans laquelle les sujets des relations de marché cherchent à obtenir certains avantages. L'interrelation des relations de partenariat de l'entreprise est présentée schématiquement dans la figure 2.2.

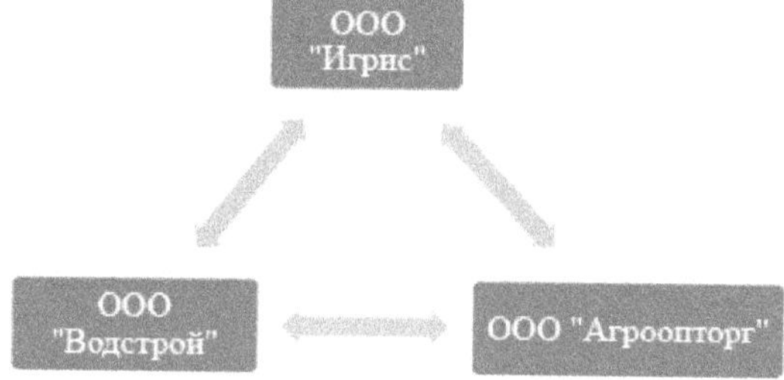

Figure 2.2 - Système de relations avec les partenaires de l'entreprise

L'entreprise partenaire Vodstroy LLC est située dans le village de M. Prystan, dans le district de Shebekinsky ; elle fournit des services pour la production de béton, de gypse et de produits à base de ciment. Le second partenaire - LLC "Agroopttorg" - est situé dans la ville de Belgorod, rue Volchanskaya, 81 ; il fournit des services de commerce de gros de pièces détachées, d'unités et d'accessoires automobiles. Le système de relations de partenariat est mis en place lors de l'élaboration d'un plan d'entreprise et d'une stratégie. L'un des types de coopération les plus intéressants peut être les relations de partenariat entre les personnes qui contribuent financièrement au développement de l'entreprise et qui participent aux décisions de gestion. Ils peuvent également apporter non seulement des ressources matérielles, mais aussi de la propriété intellectuelle et leur expérience.

Sur le territoire de Belgorod, il existe un nombre assez important d'entreprises fournissant des types de services similaires à ceux d'Igris. La figure 2.3 résume les principaux facteurs,
affectant la compétitivité de l'entreprise.

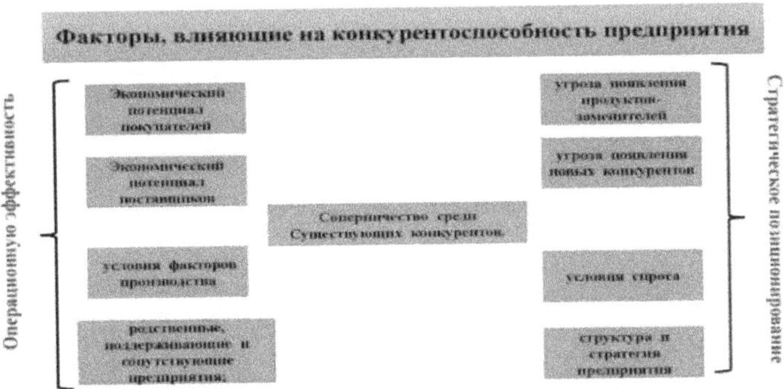

Figure 2.3 - Facteurs affectant la compétitivité d'Igris LLC

Les organisations suivantes se distinguent parmi les principaux concurrents :

- StroiBelgo Ltd ;
- Entrepreneur général ;
- Start Ltd ;
- "BuildCity ;
- OOO StroyProgress.

La plus grande menace pour la sécurité économique de l'entreprise Igris Ltd. est la baisse de la demande, l'influence des concurrents, l'émergence de types de services similaires. La plus grande menace provient directement de l'influence des concurrents. Le tableau 2.2 présente l'évaluation de la position concurrentielle relative.

Tableau 2.2 - Évaluation de la position concurrentielle relative d'Igris LLC

Facteurs clés de succès	**Poids**	**Concurrents**		
		LTD. "Stroibelgo".	Start Ltd.	LLC StroyCity
Prix	0,35	+1	+1	+2
Qualité	0,25	0	-1	-1
Vitesse de construction	0,25	-1	-1	-2
Service	0,15	1	0	+1

Total	1	0,25	-0.15	- 0,15

Principes :

- 2 - bien meilleure que la nôtre ;
- 1 est préférable ;
- - également ;
- Le chiffre 1 est pire ;
- Le point 2 est bien pire.

La menace de nouveaux concurrents réduit le potentiel de rentabilité globale d'Igris Ltd. car ils cherchent à gagner des parts de marché. Malgré les barrières, les grandes entreprises peuvent entrer sur le marché et concurrencer les entreprises établies. L'organisation étudiée doit se préoccuper d'examiner les barrières susceptibles d'arrêter ou d'empêcher un nouveau venu potentiel d'entrer sur le marché et d'ériger précisément ces barrières. Présentons une liste des risques inhérents à ce type d'activité (tableau 2.3).

Tableau 2.3 - Liste des risques possibles affectant la croissance économique

Nom du risque	Le poids de chaque type de risque, Wi
Échec commercial	1/9
Degré de disponibilité du service	1/9
Réalisation incomplète de travaux, de services	1/9
Insolvabilité des consommateurs	1/9
Baisse des prix et de la demande de travaux et de services	1/9
Réductions de prix par les concurrents	1/9
Incident lié à la fourniture de travaux, de services	1/9
Vol	1/9

Le tableau 2.4 ci-dessous présente l'évaluation des risques par des experts. L'évaluation est réalisée par trois experts. Une échelle de 100 points est utilisée pour l'évaluation :

0 - le risque est insignifiant ;

25 - le risque n'est pas susceptible de se réaliser ;

50 - rien ne peut être dit sur l'occurrence de l'événement ;

75 - le risque est susceptible de se manifester ;

100 - le risque est réalisé (tableau 2.4).

Tableau 2.4 - Évaluation des risques de l'entreprise Igris LLC

Nom du risque	Les experts			Probabilité moyenne	Score
	1	2	3		
Échec commercial	25	25	25	25	2,8
Degré de disponibilité du service	25	0	0	8	0,9
Réalisation incomplète de travaux, de services	50	50	25	42	4,7

Insolvabilité des consommateurs	50	50	50	50	5,6
Baisse des prix et de la demande de travaux et de services	50	25	25	33	3,7
Réductions de prix par les concurrents	75	50	75	67	7,4
Incident lié à la prestation de travail	0	25	25	17	1,9
Technologie dépassée	75	75	75	75	8,33
Vol	50	50	25	42	4,7
Note moyenne	3,5				
Valeur totale	40,03				

Ainsi, l'évaluation des risques affectant Igris LLC est de 40 points. Le risque le plus élevé (8,33) est lié à des technologies obsolètes. 7,4 correspond à la position "réduction des prix par les concurrents". 5,6 est attribué à l'insolvabilité du consommateur.

Pour conserver et mener à bien son développement, l'entreprise Igris Ltd. doit disposer d'un certain nombre d'avantages par rapport à ses concurrents. La présence d'un grand nombre d'avantages permet d'attirer un grand nombre de clients et donc d'améliorer la situation financière de l'organisation.

Les principaux indicateurs économiques d'Igris LLC sont présentés dans le tableau 2.5 ci-dessous.

Tableau 2.5 - Évaluation des principaux indicateurs économiques de l'entreprise Igris LLC

Nom de l'indicateur, en milliers de roubles	**2016 г**	**2017 г**	**2018 г**	**Écart absolu, en milliers de roubles. 2018 / 2016** (+ -) ,	**Écart relatif 2018 / 2016 (%)**
Recettes provenant de la vente d'œuvres, de services	7340	7259	8175	+ 835	+ 11,4
Coût des travaux	6579	6 329	6069	- 510	- 7,8
Marge brute	761	930	2106	+ 1345	+ 176,7
Frais de gestion	412	807	1183	+ 771	+ 187,1
Bénéfice sur les ventes	349	123	923	+ 574	+ 164,5
Autres revenus	18	245	192	+ 174	+ 966,7
Autres dépenses	424	100	245	- 179	- 42,2
Profitando taxations	- 57	268	870	+ 927	+ 1426,32
Bénéfice net pour la période de référence	- 122	214	691	+ 813	+ 466,39

Au cours de la période étudiée, les recettes provenant de la vente de travaux et de services ont augmenté de 11,4 % ou de 835 000 RUB. Dans le même temps, le coût des travaux a diminué de 7,8 % ou de 510 000 roubles. La marge brute a augmenté de 1 345 milliers de roubles, soit 176,7 %. Les frais de gestion, c'est-à-dire les coûts de gestion de l'organisation qui ne sont pas directement liés au processus de production, ont augmenté de 187,1 %.

En 2017, les autres dépenses ont diminué de 324 milliers de roubles, et en 2018 par rapport à 2016, elles ont diminué de 179 milliers de roubles, soit 42,2 %.

La croissance est caractérisée par la valeur de l'indicateur du bénéfice net de 813 mille roubles pour la période étudiée. En raison de l'influence des concurrents, le bénéfice de l'entreprise pour 2016-2017 est assez insignifiant (en 2016 valeur négative, en 2017 augmentation, mais pour l'entreprise la valeur obtenue est très faible). La représentation schématique des revenus et du bénéfice net pour la période étudiée est présentée à la figure 2.4.

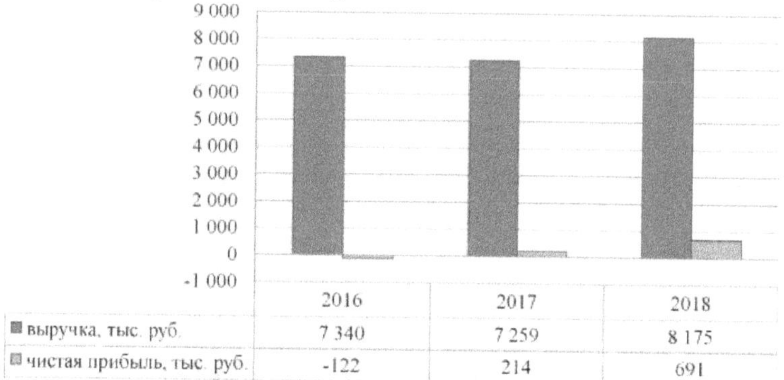

Figure 2.4 - Formation du chiffre d'affaires et du bénéfice net de la SARL "Igris" pour les années 2016-2018

A l'issue de ce travail, nous conclurons : la société LLC "Igris" exerce ses activités à Belgorod, fournit des services de construction. Le nombre d'employés est de 54 personnes. La structure organisationnelle de la gestion est de type linéaire-fonctionnel. L'entreprise dispose d'un système de relations avec ses partenaires. Les principaux concurrents de l'organisation ont été identifiés. La performance économique de l'entreprise a été évaluée et a révélé une croissance positive des revenus et des bénéfices nets.

2.2.Évaluation du système de sécurité économique de l'entreprise

Pour évaluer le système de sécurité économique de l'entreprise, nous analyserons d'abord les indicateurs financiers de la sécurité économique, puis la production, puis le social. À la fin de tous les calculs, nous calculerons l'indicateur global et intégral de la sécurité économique de l'entreprise.

Le schéma du processus visant à assurer la sécurité économique de l'entreprise est présenté dans la figure 2.5.

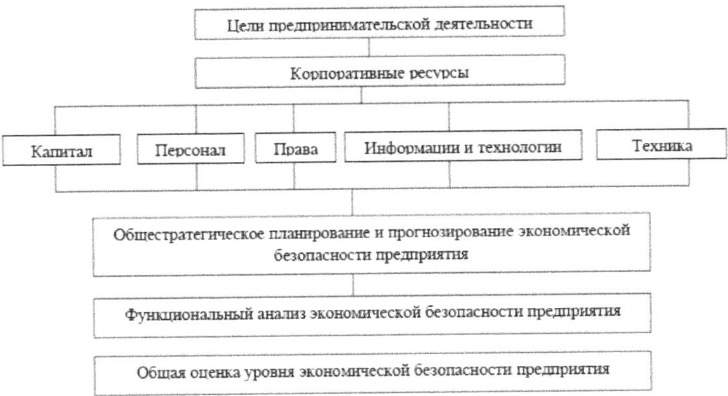

Figure 2.5 - Schéma du processus visant à assurer la sécurité économique de l'entreprise Igris LLC

La sécurité économique d'une entreprise est l'état de l'utilisation la plus efficace des ressources pour prévenir les menaces et assurer son fonctionnement stable. La sécurité économique d'une entreprise repose sur l'efficacité avec laquelle elle parvient à prévenir les menaces et à éliminer les dommages causés par les impacts négatifs sur les différents aspects de la sécurité économique.

L'évaluation du niveau de sécurité économique de l'entreprise est définie dans la base des états comptables (annexe B).

Sur la base des états comptables, le tableau 2.6 présente un regroupement analytique des postes du bilan d'Igris.

Tableau 2.6 - Évaluation du regroupement analytique des postes du bilan de la société Igris

Nom du poste du bilan	**2016 г.**	**2017 г.**	**2018 г.**	**Écart 2018. / 2016 г.**	
				+,-, mille rub	**%**
Actifs					
Actifs non courants	-	-	-	-	-
Actifs courants, y compris	1668	783	2404	+ 736	+ 44,12
les stocks	1576	680	155	- 1421	- 90,16
créances	70	99	2140	+ 2020	+2957,1
Trésorerie et équivalents de trésorerie	22	4	109	+ 87	+ 395,5
Bilan	1668	783	2404	+ 736	+ 44,12
Passif					
Fonds propres	522	736	1 427	+ 905	+ 173,4

Passifs non courants	-	-	-	-	-
Passif à court terme, y compris	1146	47	977	- 169	- 14,8
fonds empruntés	835	46	-	-	-
comptes créditeurs	311	1	977	+ 666	+ 214,15
Bilan	1668	783	2404	+ 736	+ 44,12

L'évaluation du regroupement analytique du bilan a montré que pour la période analysée, il n'y a pas d'actifs non courants de l'entreprise ; les actifs courants de l'entreprise ont augmenté de 1668 mille roubles à 2404 mille roubles, soit de 44,12 %. L'augmentation est due à l'accroissement des créances clients de 2020 milliers de roubles, soit 2957,1 %. Les liquidités ont également augmenté de 87 000 roubles. Les stocks ont diminué de 1421 milliers de roubles, soit 90,16 milliers de roubles. En général, le montant des actifs a augmenté de 44,12 %. Capitaux propres de la société LLC "Igris"
ont augmenté de 905 milliers de roubles, soit 173,4 %. Les dettes à court terme ont diminué de 169 000 roubles, soit 14,8 %. La valeur des comptes créditeurs a augmenté de 666 000 roubles. La formation des postes du bilan est présentée dans la figure 2.6.

Postes du bilan, en milliers de RUR.

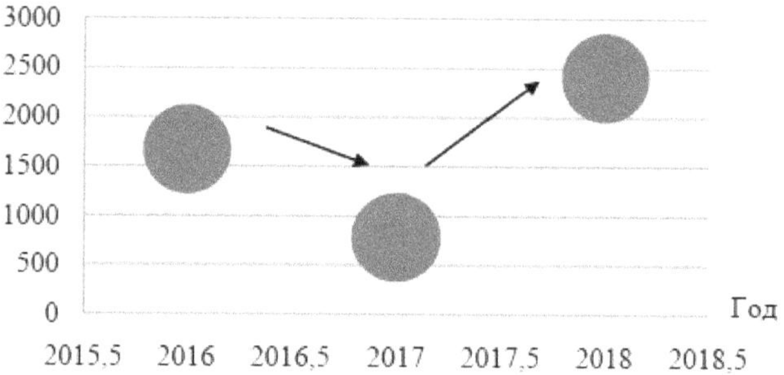

Figure 2.6 - Formation des postes du bilan d'Igris LLC pour la période étudiée

Sur la base des postes du bilan, il convient d'évaluer la liquidité du bilan d'Igris (tableau 2.7).

Tableau 2.7 - Évaluation de la liquidité du bilan d'Igris

Titre de l'article	**Nombre de lignes du bilan**	**2016, en milliers de RUB**	**2017, milliers de RUB**	**2018, RUB ths.**
Postes de l'actif du bilan				
A1 (actifs les plus liquides)	*p.1250+ 1240*	22	4	109
A2 (actifs rapidement réalisables)	*p.1230*	70	99	2140
A3 (lentement réalisable actifs)	*p.1210+1220+1230 + 1260*	1646	779	2295
A4 (actifs difficilement	*pp. 1100*	-	-	-

réalisables)				
Postes du passif du bilan				
P1 (dettes les plus urgentes)	*p.1520*	311	1	977
P 2 (dettes à court terme)	*p.1510+1540+1550*	835	46	-
P3 (passifs non courants)	*Pp. 1400*	-	-	-
P4 (engagements permanents)	*p.1300+1530-1260*	522	736	1427

Le bilan d'une entreprise est considéré comme absolument liquide si les conditions suivantes sont remplies
la condition suivante :

A1 >П1 A2 >П2 A3 >П3 A4< П4 (2.1)

Tableau 2.8 - Évaluation de la liquidité du bilan de l'entreprise Igris LLC

Éléments d'actif	Importance		Postes du passif	Importance
2016				
A1	22	<	П1	311
A2	70	<	П2	835
A3	1646	>	П3	-
A4	-	<	П4	522
2017				
A1	4	>	П1	1
A2	99	>	П2	46
A3	779	>	П3	-
A4	-	<	П4	736
2018				
A1	109	<	П1	977
A2	2140	>	П2	-
A3	2295	>	П3	-
A4	-	<	П4	1427

Si A1 est supérieur à P1, l'entreprise a la possibilité de rembourser les dettes les plus urgentes à l'aide d'actifs ayant une liquidité quasi absolue.

Si A2 est supérieur à P2, l'entité a la capacité de rembourser les créanciers avec des actifs à taux de réalisation rapide.

Si A3 est supérieur à P3, l'entreprise est en mesure de rembourser des emprunts à longue échéance en utilisant des actifs lentement réalisables.

Si A4 est inférieur ou égal à P2, les autres inégalités décrites ci-dessus sont remplies.

le degré de solvabilité et est en mesure de rembourser tous les engagements existants avec des fonds appropriés.

Toutes les conditions de liquidité sont remplies en 2017. En 2018, la première condition n'est pas remplie : l'entreprise n'a pas la possibilité de rembourser les dettes les plus urgentes à l'aide d'actifs dont la liquidité est presque absolue. Cette situation caractérise l'insolvabilité de l'entreprise à l'heure actuelle. Le tableau 2.9 présente le calcul des indicateurs de rentabilité de l'entreprise.

Tableau 2.9 - Calcul des indicateurs de rentabilité de l'entreprise

Type de rentabilité	**2016 г.**	**2017 г.**	**2018 г**	**Écart absolu 2017 / 2016**	**Écart absolu 2018 / 2017**
Rentabilité des activités de production	0,1	0,2	0,4	+ 0,1	+ 0,2
Rentabilité des travaux et des services	-0,01	0,04	0,11	+ 0,03	+ 0,07
Rendement des fonds propres	-0,04	0,4	0,6	+ 0,36	+ 0,2
Rendement des actifs circulants	-0,03	0,3	0,4	+ 0,27	+ 0,1
Rentabilité totale	-0,1	0,3	0,3	+ 0,2	-

La figure 2.7 ci-dessous montre l'évolution de la rentabilité totale.

Rentabilité totale, en pourcentage

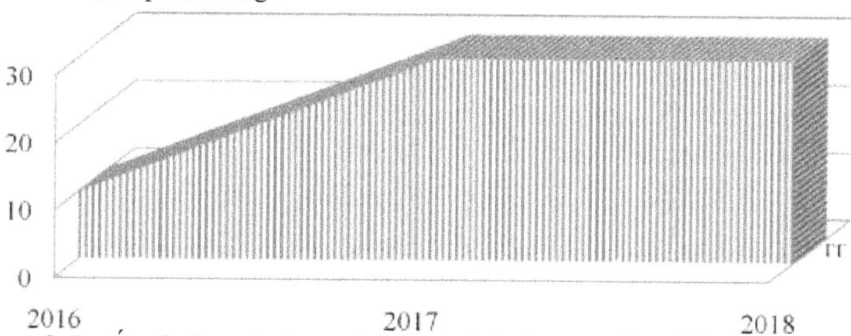

Figure 2.7 - Évolution de la rentabilité globale pour la période 2016-2018.

Il existe une liste d'indicateurs permettant d'évaluer les ratios de potentiel financier d'une entreprise (tableau 2.10).

Tableau 2.10 - Évaluation des coefficients du potentiel financier de l'entreprise Igris LLC

Nom de l'indicateur	**Désignation**	**Code de calcul**	**2016 г.**	**2017 г.**	**2018 г.**
Taux d'autonomie	Ka	pg. 1300 / 1700	0,31	0,94	0,59
3. le taux de dépendance financière	Cfz	(p. 1400 + 1500) / p. 1600	0,69	0,06	0,41
Rapport de maniabilité	Km	Pages 1300 - 1100 / 1300	1	1	1
Ratio de fonds propres	Xhos	pp.1300-1100/1200	0,31	0,94	0,59
Ratio d'endettement	Kzs	Page 1410 + 1510 / 1300	1,60	0,06	0
Ratio de liquidité absolue	Kable	Pp.	0,02	0,09	0,11

		1240+1250/15001550-1530			
Ratio de liquidité courante	Ktl	Pp. 1200-12301220/1500-1550-1530	1,39	14,55	0,27
Ratio de liquidité générale	Kb	Pp. 1230+1240+1250/1510 +1520+1550	0,08	2,2	2,3

Le ratio d'autonomie joue un rôle majeur dans l'évaluation du potentiel financier : en 2016, on observe un non-respect de la valeur normative (0,5 et plus), car il y a eu une possible augmentation des actifs acquis sous forme de dettes et la stabilité financière diminue. De 2017 à la fin de la période étudiée, on observe un respect de la valeur normative, c'est-à-dire que la stabilité financière de l'organisation "Igris" a augmenté (en 2017, l'augmentation a été la plus importante) (Figure 2.8).

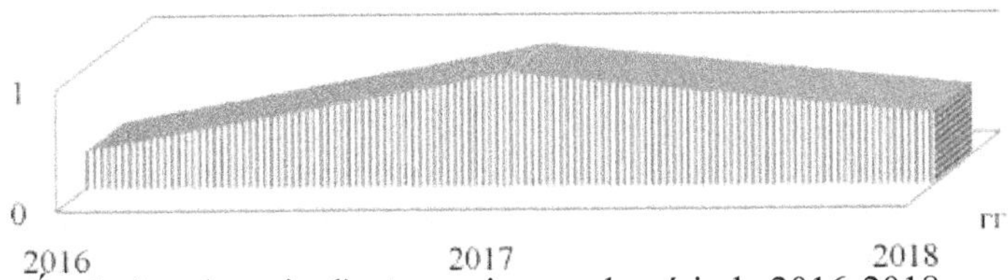

Figure 2.8 - Évolution du ratio d'autonomie pour la période 2016-2018.

Le tableau suivant présente une évaluation des indicateurs de liquidité (la capacité des actifs à être vendus rapidement à un prix proche de la valeur du marché).

Tableau 2.11 - Évaluation des indicateurs de liquidité de l'organisation "Igris

Nom de l'indicateur	**Désignation**	**2016 г.**	**2017 г.**	**2018 г.**	**Écart absolu 2018 / 2016**
Ratio de liquidité absolue	Kable	0,02	0,09	0,1	+ 0,08
Ratio de liquidité courante	Ktl	0,3	14,6	1,4	+ 1,1
Ratio de liquidité générale	Kb	0,1	2,20	2,30	+ 2,2

Ratio de liquidité absolue - selon la réglementation russe, la valeur normale de ce ratio n'est pas inférieure à 0,2. Pour la période étudiée, la valeur de cet indicateur n'est pas conforme à la valeur normative.

Le ratio de liquidité à court terme reflète la capacité de l'entreprise à rembourser ses dettes à court terme en utilisant uniquement ses actifs à court terme. Plus le ratio est élevé, meilleure est la solvabilité de l'entreprise. Un ratio de 2 ou plus est considéré comme normal. Une valeur inférieure à 1 indique un risque financier élevé (ce qui était le cas en 2016), car l'entreprise n'est pas en mesure de payer régulièrement ses factures courantes. La valeur obtenue en 2017 indique une structure de capital irrationnelle.

Le ratio de liquidité rapide reflète la capacité de l'entreprise à rembourser ses dettes à court terme en cas de difficultés dans la vente des produits. Un ratio d'au moins 1 est considéré comme normal. En 2017-2018, les valeurs correspondent à la valeur normative.

La méthodologie de Taffler peut être utilisée pour estimer la fréquence des faillites :

$$T\ (\text{Z-score}) = 0{,}53 \times X1 + 0{,}13 \times X2 + 0{,}18 \times X3 + 0{,}16 \times X4, \qquad (2.2)$$

où : X1 - Bénéfice sur les ventes / Passif à court terme ;

X2 - Actif à court terme / (Passif à court terme + Passif à long terme) ;

X3 - Passif à long terme / Total des actifs ;

X4 - Total des actifs / Chiffre d'affaires.

Si la valeur de l'indicateur T (Z-score) est supérieure à 0,3, l'entreprise présente un faible risque de faillite au cours de l'année, et si la valeur est inférieure à 0,2, l'entreprise présente un risque de faillite élevé.

Selon les tests effectués, ce modèle identifie l'entreprise en faillite avec une probabilité de 97 % un an avant la faillite, 70 % deux ans avant la faillite, 61 % trois ans et 35 % quatre ans. Après avoir calculé les coefficients, il est nécessaire de substituer les valeurs dans la formule et de résumer les données dans le tableau 2.12 suivant.

Tableau 2.12 - Estimation de la possibilité de faillite d'Igris LLC selon la méthodologie de Taffler

Nom de l'indicateur	**2016 г.**	**2017 г.**	**2018 г.**
Coefficient X1	0,66	19,79	2,16
Facteur X_2	1,46	16,66	2,46
Facteur X_3	-	-	-
Facteur X_4	0,23	0,11	0,29
Valeur du coefficient	0,58	12,72	1,51
	"Zone verte".	"Zone verte".	"Zone verte".

La méthodologie repose sur trois conditions : condition 1 : si Z>-0,3 - il est peu probable que l'entreprise fasse faillite ("zone verte") ; condition 2 : si Z<0,2 - il est probable que l'entreprise fasse faillite ("zone rouge") ; condition 3 : si 0,2<Z<0,3 - zone d'incertitude ("zone grise"). Après avoir déterminé les indicateurs du potentiel financier, évaluons la composante ressources humaines (tableau 2.13).

Tableau 2.13 - Estimation des indicateurs de mouvement du personnel d'Igris

LLC

Nom de l'indicateur	2016 г.	2017 г.	2018 г.	Variation absolue (+,-) 2017 / 2016	Variation absolue (+,-) 2018 / 2017
Effectif au début de l'année	42	48	50	+ 6	+ 2
Travailleurs occupés, personnes	4	3	6	- 1	+ 2
Départ des travailleurs, total, incl :	3	2	2	- 1	-
- à volonté	1	-	1	-	+1
- pour des violations du droit du travail	1	1	-	-	-
- sur la retraite, les personnes.	1	1	1	-	-
Effectif du personnel à la fin de l'année, personnes	43	49	54	+6	+ 5
Effectif moyen du personnel, personnes.	42	48	52	+ 6	+ 4
Taux de rotation des receveurs	0,1	0,06	0,12	-0,04	+ 0,06
Taux de rotation des cessions	0,07	0,04	0,04	-0,03	-
Taux de rotation du personnel	0,02	0,04	0,02	+0,02	-0,02

Le principal indicateur quantitatif qui caractérise l'efficacité du travail est la productivité du travail (tableau 2.14).

Tableau 2.14 - Évaluation de la productivité du travail d'Igris LLC pour 2016-2018.

Indicateurs	Années			Écart absolu (+,-)	Écart relatif (%)
	2016	2017	2018	2018 / 2016	2018 / 2016
Recettes, en milliers de roubles	7 340	7 259	8 175	+ 835	+11,8
Nombre de personnes, personnes.	59	61	63	+ 4	+ 6,8
La productivité du travail, th. rub.	124,41	119	129,8	+ 5,39	+ 4,33

Sur la base de l'évaluation présentée de la productivité du travail, on observe une dynamique positive dans son évolution (de 124,41 milliers de roubles à 129,8 milliers de roubles). Cette évolution est due à la croissance de la valeur des revenus. L'évolution de la productivité du travail est présentée à la figure 2.9.

La productivité du travail, th. rub.

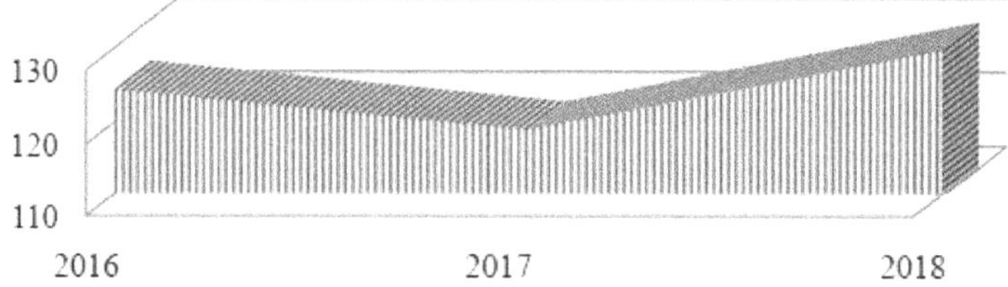

Figure 2.9 - Évolution de la productivité du travail Igris LLC pour 2016-2018.

Les indicateurs du potentiel productif de l'entreprise sont égaux à 0, car l'entreprise dispose de tous les actifs fixes en location.

Déterminons ensuite l'indicateur intégral résumé de la sécurité économique de l'entreprise. Le calcul de l'indicateur intégral de sécurité économique d'Igris LLC par les principaux indicateurs est résumé dans le tableau 2.15. Tableau 2.15 - Calcul de l'indicateur intégral résumé de sécurité économique d'Igris LLC.

Composantes du potentiel de l'entreprise	Nom de l'indicateur	Valeur calculée de l'indicateur	Zone de valeur de l'indicateur
1	2	3	4
Capacité financière	Ratio de liquidité absolue	0,11	0,2-0,3
	Ratio de couverture intermédiaire	0,27	1
	Ratio de liquidité courante	2,3	1,5-2,5
	Taux d'autonomie	0,59	0,4-0,6
	Ratio des capitaux propres dans les stocks et les coûts	0,60	0,85
	Ratio d'endettement	0	0,3
	Ratio de manœuvrabilité des fonds propres	1	0,5
	Rendement des ventes	0,11	0, 05-0,2
Capacité de production	Rendement des fonds	0	0,27-0,3
	Ratio de renouvellement des immobilisations	0	2,3
	Ratio de mise hors service des immobilisations	0	1
Potentiel social	Facteur de rendement	0,02	0,1
	Taux de rotation des receveurs	0,12	0,2
	Taux de rotation des licenciements	0,04	0,5

Sur la base des valeurs calculées des indicateurs et des coefficients de pondération, calculons les valeurs de chaque composante du potentiel de l'entreprise :

Capacité financière :

0,3*0,11+1*0,27+2,5*2,3+0,6*0,59+0,85*1,11+0,3*0+

0,5*(1)+0,2*0,11= 7,4

Capacité de production :

0,3*0+2,3*0+1*0=0

Potentiel social :

0,1*0,02+0,2*0,12+0,5*0,04 = 0,002 +0,024 +0,02 = 0,05

Sur la base du calcul de l'indicateur intégral consolidé de la sécurité économique de l'entreprise, un certain nombre d'indicateurs ne respectent pas les valeurs normatives :

- la valeur du ratio absolu de liquidité n'atteint même pas le seuil le plus bas ;
- le ratio de couverture intermédiaire est également faible ;
- le ratio de liquidité courante correspond à la valeur seuil ;
- le ratio d'autonomie correspond également à la valeur seuil ;
- le ratio de fonds propres des stocks et des coûts est presque proche de la valeur seuil ;
- le ratio dettes/capitaux propres est de 0, car il n'y a pas de fonds empruntés au cours de la période considérée ;
- le ratio de manœuvrabilité est supérieur à la valeur normative, car il n'y a pas d'actifs non courants.

Les valeurs des indicateurs de potentiel productif sont égales à 0, car les actifs fixes de l'entreprise sont égaux à 0, l'entreprise Igris Ltd. possède tous les actifs fixes en location.

En analysant le potentiel social, nous constatons que les valeurs de tous les indicateurs présentés n'atteignent pas la limite normative.

L'évaluation globale du niveau de sécurité économique de l'entreprise "Igris" Ltd. est inacceptable, car presque tous les principaux indicateurs de sécurité économique de l'entreprise ne se situent pas dans les valeurs seuils. Il est donc nécessaire de proposer un certain nombre de mesures qui contribueront à améliorer le niveau global de sécurité économique de l'organisation.

Outre l'évaluation du niveau de sécurité économique de l'entreprise, il convient d'évaluer le critère global de la sécurité économique de l'entreprise. À cette fin, il est nécessaire d'utiliser la méthode des poids spécifiques de l'importance des composantes fonctionnelles de la sécurité économique de l'entreprise :

- financière - 0,4 ;
- personnel - 0,1 ;
- technique et technologique - 0,1 ;
- politique et juridique - 0.1 ;
- informationnel - 0,2 ;
- environnementale - 0,05 ;
- puissance, 0,05.

$$СКЭБ = К \times d, \qquad (2.2)$$

où SCEB est le critère global de sécurité économique ;

K - valeurs des critères fonctionnels privés de la sécurité économique de l'entreprise ;
D - poids spécifiques de l'importance des composantes fonctionnelles de la sécurité économique de l'entreprise.
La composante financière la plus importante est de 0,4. Cela s'explique par le fait que la mise en œuvre des activités nécessite des ressources financières qui sont constamment en circulation. La valeur la plus faible est inhérente à la composante environnementale et à la composante énergétique. Ceci est dû au fait qu'il n'y a pas de problèmes environnementaux liés à la pollution lors de la réalisation d'activités économiques et économiques. La valeur politico-juridique -0,1 s'explique par le fait que le secteur de la construction est une activité suffisamment développée et que le champ politico-juridique pour ce type d'activité est suffisamment étudié.
La composante "force" est une combinaison de la sécurité physique des employés de l'entreprise, en particulier des représentants de la direction de l'entreprise, de la sécurité des biens de l'entreprise contre les conséquences négatives, de la menace de perte de ces biens ou de la réduction de leur valeur, et des aspects de la sécurité de l'information de l'entreprise qui relèvent de la force. Les aspects technico-technologiques et informationnels sont d'une grande importance, car le fonctionnement efficace de l'entreprise du secteur de la construction dépend avant tout du soutien technico-technologique et informationnel. Pour une organisation compétente de l'activité de l'entreprise, il est toujours nécessaire de disposer d'informations sur les concurrents, de connaître leurs faiblesses et leurs forces. Calculons le NFC (critère fonctionnel privé) de la composante financière :

$$\text{ЧФК} = \text{Упр} / (\text{З}+\text{Упо}), \quad (2.3)$$

où Upr est le total des dommages évités par composant ;
Z - coûts totaux au cours de la période analysée pour la mise en œuvre de mesures visant à prévenir les dommages dans cette composante fonctionnelle de la sécurité économique de l'entreprise ;
Upo est le dommage total subi par cette composante fonctionnelle de la sécurité économique de l'entreprise.
Selon les données de l'entreprise, l'achat d'un lot plus important de matériaux auprès de l'entreprise a permis d'obtenir une remise de 120 000 roubles. Et 270 000 roubles ont été dépensés pour augmenter le volume d'achat. Le fournisseur a posé une condition : en cas d'achats constants d'un tel volume, OOO "Igris" recevra une remise supplémentaire d'un montant total de 180 000 roubles.

Ainsi, $ЧФКфин = Упр / (З+Упо) = 120 / (270+180) = 0,27$. La valeur du critère fonctionnel de la composante financière de la sécurité économique de l'entreprise calculée selon la méthodologie d'évaluation des dommages reflète l'efficacité globale des mesures prises pour prévenir d'éventuels dommages dus à des impacts négatifs afin de garantir la composante financière de la sécurité économique de l'entreprise.

L'analyse PFC de la composante ressources humaines de la sécurité économique de l'entreprise est calculée sur la base d'informations obtenues auprès de la direction de l'entreprise et reflétant les coûts de développement du personnel. Le développement professionnel des employés s'est élevé à 55 000 RUB

$$ЧФКкадр = Упр / (З+Упо) = 145 / (55+130) = 0,78.$$

L'entreprise louant des locaux et des équipements, le critère fonctionnel privé de la composante technique et technologique est de 0.

La valeur de la composante information est considérée comme la valeur du critère fonctionnel privé de la composante information de la sécurité économique de l'entreprise et est calculée selon la méthodologie d'évaluation des dommages basée sur les données de la carte pour le calcul de l'efficacité des mesures prises. Les frais de publicité se sont élevés à 69 mille roubles.

$$ЧФКинф = Упр / (З+Упо) = 145 / (69+130) = 0,7.$$

La valeur finale de l'efficacité de l'ensemble des mesures visant à garantir la composante environnementale de la sécurité économique de l'entreprise est considérée comme la valeur du critère fonctionnel privé pour cette composante dans le calcul du coefficient global de sécurité économique de l'entreprise. 38 000 roubles ont été dépensés pour l'enlèvement des ordures.

$$ЧФКэкол = Упр / (З+Упо) = 145 / (38+180) = 0,67$$

La composante "force" de la sécurité économique est un ensemble de facteurs tels que la sécurité physique des employés, la sécurité des biens contre les impacts négatifs, les aspects "force" de la sécurité de l'information.

Upr - données statistiques sur la population des dommages causés par les vols survenus au cours de la période étudiée dans l'entreprise 85 mille roubles.

Upo - coût de l'équipement du bureau de l'entreprise 125 000 roubles.

Z - salaire d'un agent de sécurité 28 000 roubles.

$$ЧФКсил = Упр / (З+Упо) = 85 / (28+125) = 0,56$$

Le tableau 2.16 présente les valeurs des critères fonctionnels privés de la sécurité économique de l'entreprise pour 2018.

Tableau 2.16 - Estimation des composantes fonctionnelles privées sécurité économique de l'entreprise en 2018

Nom de la composante fonctionnelle privée	**Importance**	**Poids spécifique**
Financier	0,27	0,4
Le personnel	0,78	0,1
Information	0,7	0,2
Environnement	0,67	0,1
Puissance	0,56	0,05
Technologique	0	0,1
Politico-juridique	0	0,05
CECB (critère global) la sécurité économique)	0,43	

$$\text{СКЭБ} = (0{,}27\times0{,}4) + (0{,}78 \times 0{,}1) + (0{,}7 \times 0{,}2) + (0{,}67 \times0{,}1) + (0{,}56 \times0{,}05) + (0\times0{,}1) + (0 \times0{,}05) = 0{,}43$$

Le critère agrégé de sécurité économique de l'entreprise obtenu caractérise l'état du système de sécurité économique de l'entreprise "Igris". Ce critère est comparé à des critères similaires de sécurité économique d'entreprises du secteur. Si le critère de l'entreprise analysée est plus élevé que celui de ses concurrents, on peut considérer que l'entreprise se trouve dans un état de sécurité économique relative. Dans ce cas, la valeur obtenue indique un faible niveau de sécurité économique de l'entreprise.

2.3 Évaluation des conditions affectant la croissance économique de l'entreprise et de leur impact sur le niveau de sa sécurité économique

Dans les conditions actuelles de l'économie de marché, la sécurité économique des entreprises du secteur de la construction devient une composante de plus en plus importante et polyvalente de la gestion administrative. Le concept de "menace pour la sécurité" est devenu changeant : la liste des menaces comprend constamment de nouveaux éléments et les anciens cessent d'être pertinents. L'entreprise étudiée est soumise à des menaces et à des risques qui reflètent des changements dans l'environnement externe de l'entreprise et qui entraînent un changement négatif dans le domaine de la sécurité elle-même. L'organisation interne et les conditions commerciales sont également soumises à des changements constants (figure 2.10).

Figure 2.10 - Conditions internes et commerciales affectant le niveau de sécurité économique de l'entreprise [29].

Pour une entreprise, la croissance économique implique une augmentation du volume de production de biens, de travaux et de services pendant une certaine période. De même, la croissance économique d'une entreprise est l'expansion de l'échelle de ses activités. Dans le concept de système, la croissance économique est considérée comme une évaluation intégrale des caractéristiques de ses activités : opérationnelles, financières et d'investissement, c'est-à-dire du point de vue de la croissance des ventes, de la valeur de l'entreprise et de ses actifs.

La croissance économique est un indicateur qui reflète le pourcentage de croissance d'une valeur statistique au cours de la période actuelle par rapport à la période précédente. La formule suivante est utilisée pour calculer le taux de croissance :

$$\text{Taux de croissance} = (П2 / П1) \times 100\%, \qquad (2.4)$$

P1 - valeur de la période précédente ;

P2 - valeur de la période en cours.

Trois options sont possibles : taux de croissance > 100 % - dynamique positive. Taux de croissance = 100 % - aucun changement n'est intervenu. Taux de croissance < 100 % - dynamique négative. Le tableau 2.17 présente les principaux indicateurs de la croissance économique de l'entreprise à condition que les facteurs externes qui l'affectent restent inchangés.

Tableau 2.17 - Principaux indicateurs de croissance économique de l'entreprise

Nom de l'indicateur	2016 г.	2017 г.	2018 г.	2017 / 2016	2018 г. / 2017 г.
Rendement des ventes	-0,01	0,04	0,11	+ 0,03	+ 0,07
Volume des ventes pour la période de référence	7340	7259	8175	- 81	+ 916
Taux de croissance du chiffre d'affaires de l'année en cours par rapport à l'année de référence, en %.	- 20,37	-1,11	26,2	+19,26	+ 27,31
Rapport entre les actifs et le volume des travaux et services rendus	22,7	10,79	29,41	- 11,91	+ 18,62

Coefficient de dépendance à l'égard du financement extérieur	1,60	0,06	0	- 1,54	-0,06
Taux de croissance du chiffre d'affaires de l'année en cours par rapport à l'année de référence, en %.	79,63	98,89	126,2	+ 19,26	+ 27,31

La dynamique positive du taux de croissance n'est observée qu'en 2018, la valeur obtenue étant supérieure à 100 %. Une dynamique négative est observée en 2016, la valeur du taux de croissance étant de 79,63%, soit inférieure à la norme de 19,26%. Une amélioration de la situation est observée en 2017, la valeur obtenue étant proche de 100%.

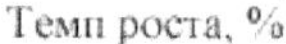

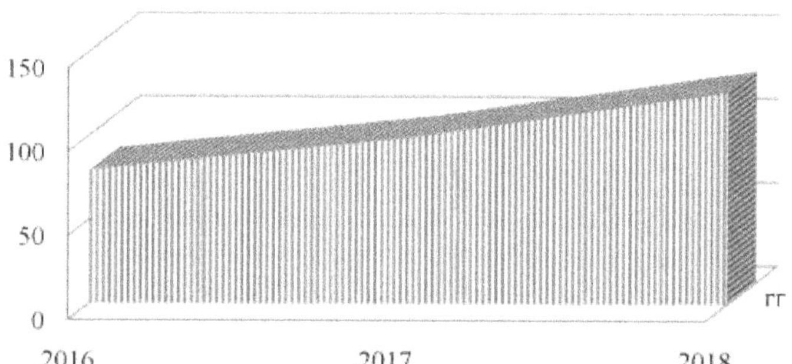

Figure 2.11 - Evolution du taux de croissance économique de la SARL Igris pour la période étudiée

Le coefficient de durabilité de la croissance économique est un indicateur important qui caractérise le taux d'augmentation de la croissance économique d'une entreprise. Le modèle suivant est généralement utilisé pour l'évaluer.

Кур = Крп * Кр * Кфз,

où Kur est le coefficient de soutenabilité de la croissance économique ;

Krp est le rapport entre le bénéfice et le bénéfice net ;

Kr - rentabilité des œuvres et services vendus ;

Kfz - ratio de dépendance financière (tableau 2.18).

Tableau 2.18- Calcul du modèle du coefficient de stabilité de la croissance économique de l'entreprise "Igris" Ltd.

Nom de l'indicateur	2016 г.	2017 г.	2018 г.	2017 г. / 2016 г.	2018 г. / 2017 г.
Krp - ratio bénéfice/bénéfice net	-6,23	4,35	3,05	+ 10,58	-1,3
Rentabilité des travaux et services vendus	-0,01	0,04	0,11	+ 0,05	+ 0,07
Ratio financier dépendances	0,69	0,06	0,41	-0,63	+ 0,35

Valeur du modèle de ratio de stabilité financière croissance économique	0,04	0,01	0,14	-0,03	+ 0,13

Signification du modèle du coefficient de viabilité financière de la croissance économique

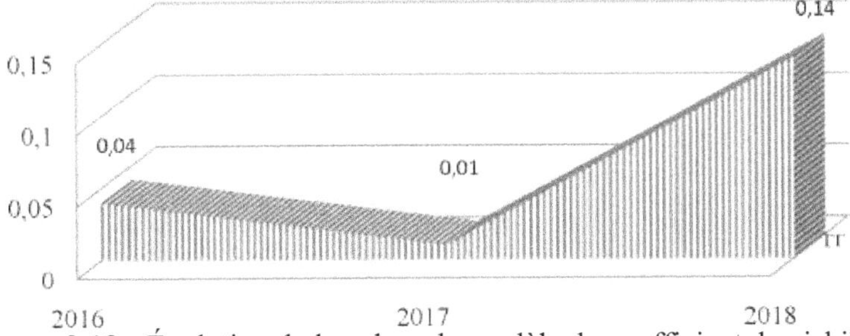

Figure 2.12 - Évolution de la valeur du modèle du coefficient de viabilité financière de la croissance économique

Le point positif du modèle présenté est la croissance dynamique de cet indicateur. La valeur calculée du modèle du coefficient de stabilité financière de la SARL "Igris" a montré qu'à un taux moyen de 14 %, l'organisation peut se développer à l'avenir sans modifier le rapport établi entre les différentes sources de financement et la distribution des bénéfices.

La croissance économique d'Igris LLC est influencée par un certain nombre de facteurs (figure 2.13).

Figure 2.13 - Principaux facteurs influençant la croissance économique de l' entreprise Igris LLC

La combinaison réussie de ces facteurs génère une croissance économique au sein de l'entreprise , qui est de différents types.

La croissance économique d'"Igris" Ltd. et, en général, le niveau de sécurité économique de l'entreprise sont également influencés par l'évolution des conditions suivantes :

1. La taille du marché. La part de marché propre est l'un des facteurs les plus importants. Igris Ltd. n'a pas une part de marché significative et l'entreprise n'a pas beaucoup de clients réguliers qui la favoriseraient dans les appels d'offres. Igris Ltd. n'est pas en mesure d'accroître sa part sur le marché des services de construction.
2. Degré de concurrence : OOO Igris est en grande concurrence avec des organisations de Belgorod et de la région de Belgorod, ainsi qu'avec des entreprises d'autres régions.
3. Taux de croissance du marché et phases du cycle de vie. L'entreprise n'est pas suffisamment développée pour le marché de Belgorod. L'entreprise ne se développe pas activement dans la région de Belgorod, mais depuis 2018, des commandes d'autres régions du pays pour des travaux de conception et des services ont commencé à arriver, ce qui a ouvert de nouveaux marchés à l'entreprise et lui permet de fonctionner davantage.
4. Nombre de concurrents et leur taille relative.
5. Obstacles à l'entrée sur le marché.
6. Degré de diversification. L'entreprise offre différents types de services, en tenant compte des souhaits du client et des caractéristiques techniques.

Le tableau 2.19 résume les domaines de l'analyse SWOT.

Tableau 2.19 - Orientations de l'analyse SWOT de la SARL "Igris".

1. Points forts éventuels de l'entreprise	**2. Faiblesses de l'entreprise**
• travailleur qualifié le personnel ; • la situation financière durable de l'entreprise ; • marque de produit bien connue, image de marque élevée auprès des consommateurs ; • une part de marché élevée ; • un potentiel d'innovation élevé ; • des coûts peu élevés (par rapport aux concurrents) ; • le niveau professionnel élevé des cadres ; • un mécanisme qui fonctionne bien et qui détermine l'orientation du développement entreprises, etc.	• indisponibilité Équipements performants, technologies avancées • faible niveau de production ; • la situation financière critique de l'entreprise ; • position instable sur le marché, pourcentage élevé de plaintes ; • une part de marché en baisse, sur un marché à faible croissance ; • l'absence de développements scientifiques et techniques propres et de possibilités d'acquisition ; • une faible rentabilité de la production ; • le manque de personnel hautement qualifié ; • l'absence d'une vision claire de la stratégie de développement de l'entreprise, etc.
3. Opportunités externes de l'entreprise	4. Menaces externes pour l'entreprise
• l'accroissement de l'effort scientifique	• des obstacles importants à l'accès au

général technique • le niveau de développement de l'industrie dans laquelle l'entreprise opère ; • la capacité d'accéder à de nouveaux marchés ou segments ; • le retrait du marché ou l'affaiblissement de la position des concurrents sur le marché ; • Établir des rapports de change favorables ; • l'accès aux technologies les plus récentes grâce à la conversion ; • l'augmentation de la demande de services ; • l'émergence de nouveaux segments de marché en raison de l'augmentation du niveau de revenu de la population.	marché ; • l'émergence de concurrents sur le marché ; • l'émergence de services similaires ; • des taux de change défavorables ; • diminution de la demande pour le travail de l'entreprise ; • exigences supplémentaires pour les les caractéristiques de qualité des produits (y compris les caractéristiques environnementales).

Pour analyser avec succès les conditions de l'environnement de l'entreprise, la méthode d'analyse SWOT ne révèle pas seulement les menaces et les opportunités de l'entreprise "Igris" Ltd, mais évalue également leurs conditions d'influence sur la stratégie de l'entreprise (tableau 2.20).

Tableau 2.20 - Évaluation des conditions d'accès à de nouveaux marchés ou à de nouvelles technologies.
segments

Probabilité d'utiliser l'opportunité	**Influence**		
	Fort	Modéré	Petit
Haut			
Moyen	Champ CC		
Faible			

Le domaine CC - l'opportunité est d'une grande importance pour l'entreprise, et il convient de l'exploiter. Il est nécessaire de suivre l'actualité des industries de la construction, des régions, d'offrir vos travaux et services dans une large gamme ; d'avoir un retour d'information de la part des fournisseurs, des partenaires, des cadres supérieurs.

Tableau 2.21 - Évaluation de la matrice des conditions d'augmentation de la demande de travaux et de services de l'entreprise "Igris

Probabilités dans l'utilisation des opportunités	**Influence**		
	Fort	Modéré	Petit
Haut	Champ BC		
Moyen			

Faible			

Le domaine de la CB - l'opportunité est d'une grande importance pour l'entreprise, et ses

devraient être utilisés. L'entreprise, ayant reçu des commandes importantes, pourra mettre en œuvre simultanément un certain nombre de projets d'investissements internes qui augmenteront sa compétitivité : réorganisation du bureau d'études, modernisation de la base de production (automatisation de la production), ce qui augmentera la productivité et réduira les coûts de production, amélioration du processus de construction, application de nouvelles technologies dans la gestion de la construction, ce qui renforcera la position d'Igris Ltd.

Tableau 2.22 - Matrice de sortie du marché ou d'affaiblissement des positions des concurrents sur le marché

Probabilité d'utiliser l'opportunité	**Influence**		
	Fort	Modéré	Petit
Haut	Champ BB		
Moyen			
Faible			

Champ BB - l'opportunité peut être exploitée si l'entreprise dispose de suffisamment de ressources. L'entreprise a une probabilité plus élevée de quitter le marché, car les positions des concurrents sur le marché sont plus fortes.

Tableau 2.23 - Réception d'ordres en provenance d'autres régions

Probabilité d'utiliser l'opportunité	**Influence**		
	Fort	Modéré	Petit
Haut			
Moyen	Champ CC		
Faible			

Le champ CC - l'opportunité peut être utilisée si l'entreprise dispose d'une

des ressources suffisantes. Étant donné que des commandes ont déjà été reçues d'autres régions et que le degré élevé de satisfaction des clients suggère une coopération plus poussée et des recommandations à d'autres clients potentiels, de nouveaux contrats rentables sont possibles.

Le tableau contient une matrice d'évaluation des menaces affectant la croissance économique et le niveau de sécurité économique de l'entreprise "Igris" Ltd (tableau 2.24).

Tableau 2.24 - Caractérisation générale de la matrice des menaces

Probabilité de réalisation de la	**Influence**

menace				
	Destruction	État critique	État grave	"Contusions mineures".
Haut	Champ BP	Champ VC	Champ VT	Champ de lignes aériennes
Moyen	Champ SR	Champ SC	Champ ST	Champ SL
Faible	Champ HP	Champ PFN	Champ NT	Champ NL

Les menaces qui pèsent sur les champs :

1. BP, VC et SR - représentent un risque très élevé pour l'Union européenne. et nécessitent une élimination immédiate et obligatoire.
2. WT, SC et HP - doivent être dans le champ de vision de la personne la plus haut placée
et doivent être traités en priorité.
3. NK, ST et VL - nécessitent une attention particulière et responsable.
4. NT, SL et NL - devraient également faire l'objet d'un suivi et d'un examen minutieux.
de suivre leur évolution.

Ainsi, sur la base de l'évaluation des conditions d'influence sur la croissance économique de l'entreprise, l'entreprise a un grand nombre de menaces et de risques qui affectent à la fois la croissance économique de l'entreprise et l'ensemble du niveau de sécurité économique de l'entreprise.

CHAPITRE 3

DÉVELOPPEMENT D'UN PROJET VISANT À ACCROÎTRE LA CROISSANCE ÉCONOMIQUE D'IGRIS LTD.

3.1.Caractérisation du projet

Sur la base de l'évaluation des conditions d'influence sur la croissance économique de l'entreprise, l'entreprise "Igris" a un grand nombre de menaces et de risques qui affectent à la fois la croissance économique de l'entreprise et l'ensemble du niveau de sécurité économique de l'entreprise.

Le distributeur Graco Reactor est un équipement industriel topique. Cet équipement est conçu pour la pulvérisation de mousse de polyuréthane pour combler les vides sur tout projet de construction. Il s'agit d'une unité de capacité moyenne qui permet de pulvériser un grand volume de mousse de polyuréthane. Le chauffage rapide du matériau est assuré par de puissants réchauffeurs fonctionnant sur un réseau triphasé de 380 volts. La conception pratique sur roues facilite le transport de l'unité sur l'objet. Principales caractéristiques de l'équipement :

- Le puissant chauffage hybride fournit une puissance de 15 300 watts pour un préchauffage rapide des matériaux ;
- commandes numériques pour la pression et le chauffage ;
- facilité d'utilisation ;
- des fonds de pompe à dégagement rapide pour faciliter l'entretien ;
- robuste et portable ;
- des vannes de circulation avec des joints plus résistants ;
- Transformateur de chauffage de tuyau qui ne nécessite pas de réglage des bornes.

L'aspect extérieur de l'appareil est illustré à la figure 3.1.

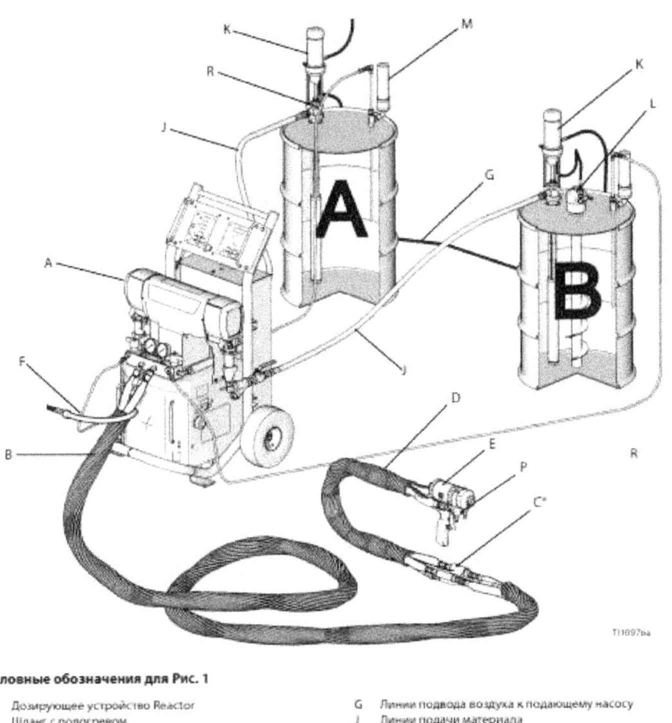

Условные обозначения для Рис. 1

A Дозирующее устройство Reactor
B Шланг с подогревом
C Датчик температуры материала (FTS)
D Гибкий шланговый наконечник с обогревом
E Fusion Пистолет
F Шланг для подачи воздуха на пистолет
G Линии подвода воздуха к подающему насосу
J Линии подачи материала
K Подающие насосы
L Мешалка
M Влагопоглотитель
P Материальный коллектор пистолета (часть пистолета)
R Линии циркуляции

Symboles pour la figure 1

Dispositif de distribution d'un réacteur
In Hose with heated re&&&* (en anglais)
C Sonde de température du matériau JFT5)
Buse flexible chauffante
E Fuiiofk Gun
F Tuyau d'alimentation en air sur le pistolet g
et les conduites d'alimentation en air de la pompe d'alimentation
J Lignes d'alimentation en matériaux
KP oda knd iena ss-sy
L Meshal ka
M Déshydratant
P Le collecteur de matériau du pistolet (partie du pistolet) ;
R Lignes de circulation

Figure 3.1 - Aspect du distributeur Graco Reactor

Les commandes de la température et de l'indicateur sont présentées à l'annexe B.

Les équipements de pulvérisation de mousse Graco sont conçus pour minimiser les problèmes potentiels grâce à leur conception robuste et à leur logiciel qui surveille et contrôle la pression et la température. Il alerte également l'opérateur et arrête la machine lorsqu'un problème potentiel est détecté.

Le principal domaine d'application est la construction industrielle et résidentielle. Le matériau a une faible conductivité thermique et est utilisé comme isolant efficace.

La mousse de polyuréthane pulvérisée est le principal composant du "remplissage" des panneaux sandwich et des tuiles de clinker pour l'isolation des murs. La mousse de polyuréthane sert d'isolant acoustique supplémentaire, absorbant les bruits de la rue. Les propriétés d'imperméabilisation permettent de l'utiliser pour l'isolation et la protection des fondations des maisons contre l'humidité.

Pour la décoration intérieure, la mousse de polyuréthane est utilisée pour fabriquer des éléments de décoration tels que des moulures, des ornements pour les ouvertures en arc, des colonnes et des corniches avec baguettes. Ce matériau est largement utilisé dans la transformation :

- les sous-sols ;
- les murs, les greniers ;
- les combles ;
- finition extérieure (résidentielle, entrepôt, industrielle, construction) ;
- balcons, loggias ;
- la couverture des bâtiments et structures industriels ;
- la construction commerciale.

Les principaux avantages de ce matériau sont les suivants

- risque d'incendie ;
- la résistance aux attaques chimiques ;
- la sécurité environnementale.

La résistance au feu de la mousse de polyuréthane et sa faible inflammabilité permettent de l'utiliser dans les locaux industriels où le risque d'incendie est élevé, ainsi que comme matériau ignifuge dans la construction résidentielle. Ce matériau est l'un des plus résistants aux attaques chimiques. La mousse de polyuréthane ne craint pas le contact avec divers produits chimiques, les alcalis, les mélanges combustibles (essence, paraffine, alcool). Ces propriétés de la mousse de polyuréthane permettent son utilisation dans l'agriculture et pour la protection des structures métalliques. Ses composants ne sont toxiques qu'individuellement et lorsqu'ils sont utilisés (pulvérisation). Par conséquent, lorsqu'on travaille avec des mélanges, il est nécessaire d'utiliser des moyens de protection pour éviter tout contact avec les yeux, la peau et les poumons. Après solidification, il acquiert des qualités neutres, n'émet pas de composés toxiques et est absolument sans danger pour l'homme.

Figure 3.2 - Exemple de production de travail avec un distributeur de mousse de polyuréthane

La figure suivante montre les étapes du développement de la mise en œuvre de l'équipement pour la prestation de services - travaux de finition avec du polyuréthane.

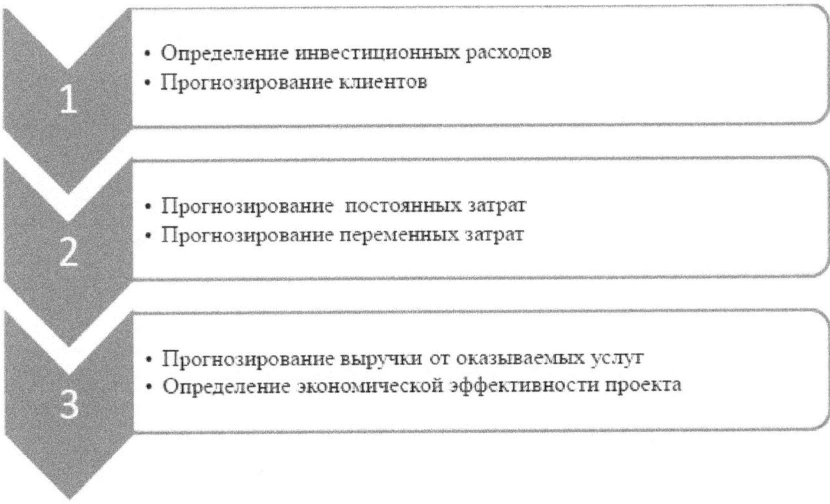

Détermination des coûts d'investissement
Prévision de la clientèle
Prévision des coûts fixes
Prévision des coûts variables
Prévision des recettes provenant des services rendus Détermination de la rentabilité des projets

Figure 3.3 - Étapes de la mise en place d'équipements en vue d'augmenter le niveau de
croissance économique de l'entreprise

L'équipement peut être acheté auprès de la société moscovite "TC General Engineering". Le coût de cet équipement est de 1780 000 roubles (tableau 3.1).

Tableau 3.1 - Calcul des coûts d'investissement

Frais d'investissement d'Igris LLC	**Montant des dépenses, rub**
1.Coûts d'investissement pour l'achat d'un distributeur Graco Reactor	1 780 500
2. services de livraison de la société (de Moscou à Belgorod)	8 750
Total	1 789 250

Si l'entreprise enlève elle-même le matériel, l'enlèvement est gratuit. Il est financièrement plus avantageux pour Igris Ltd. de faire appel aux services d'une société de livraison.

Le montant total du revenu net de l'organisation étudiée pour 2019, selon le bilan consolidé, est de 691 000 roubles. Dans le même temps, la valeur résiduelle de l'équipement mis en œuvre est de 1 789 250 roubles. Pour l'acheter, il est nécessaire de trouver des liquidités supplémentaires d'un montant de 498 500 roubles. Il est proposé de compenser le manque du montant susmentionné en empruntant des fonds auprès d'organismes de crédit (investissement).

La société OOO Igris se voit proposer un emprunt auprès de PJSC Gazprombank au taux de 15,2 % par an. Le prêt est prévu pour une durée de 3 ans, avec un paiement mensuel de 20 161 (vingt mille cent soixante et un) roubles, 56 kopecks.

(((498 500 RUB/100%*15,2%)*3 ans)+498 500 RUB)/36 mois =20 161,56

Tableau 3.2 - Coûts fixes de la production de travail par le bouteur

Liste des coûts fixes	**Montant des dépenses, RUB**		
	Coûts par mois	**Coûts par an**	**% du total des investissements**
1. l'amortissement	14 837,5	178 050	22,01
2. Paiement du crédit	20161,56	241 934	29,91
3. Coûts de la campagne publicitaire	29 400	352 800	43,62
4. Entretien préventif	3 000	36 000	4,5
Total	64 399	808 784	100

L'équipement comporte des composants mécaniques qui nécessitent de temps à autre un entretien préventif. D'après le passeport technique de l'équipement, sa durée de vie est de 10 ans. L'amortissement s'élèvera à 178050 RUB par an. Le paiement du crédit à PJSC Gazprombank s'élève à 20161,56 RUB par mois. Les coûts de la campagne publicitaire comprennent les dépenses pour les annonces dans les journaux et les magazines et la mise à jour du contenu du site web.

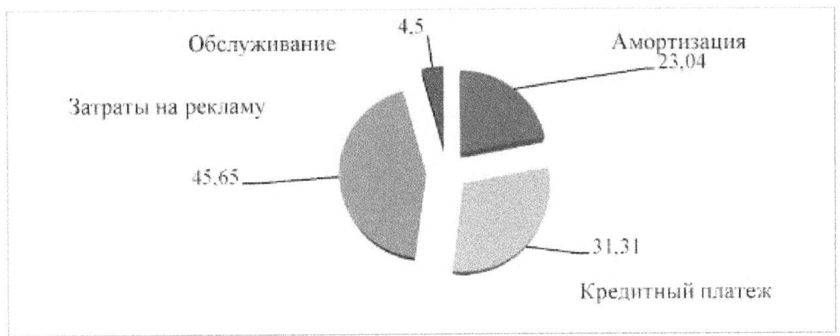

Figure 3.4 - Coûts fixes en % du montant total

Pour fournir des services avec le nouvel équipement Graco Reactor, vous devez tenir compte du coût des consommables : vous devez acheter la mousse de polyuréthane elle-même. Vous avez également besoin d'une solution spéciale pour diluer la mousse et les tuyaux. Pour déterminer les coûts variables, il faut calculer le plan de production du travail. La journée de travail de l'entreprise est de 8 heures. En une équipe, une équipe (de 2 personnes) pourra traiter la zone avec de la mousse de polyuréthane jusqu'à 133 m^2 . En moyenne, les calculs ont été effectués par an.

Tableau 3.3 - Plan des travaux d'isolation

Indicateurs	Déplacement	Semaine	Mois	Année de référence
Volume prévu de services à fournir, m^2	133	800	3200	38400
Coût des travaux RUB/m^2	80			
Coût moyen approximatif des travaux RUB.	10 640	64 000	256 000	3 072 000

Ainsi, le coût annuel moyen approximatif de la production de travail par le bouteur sera de 3 072 000 roubles. Sur la base du plan de production, les matériaux consommables et les composants sont achetés.

Tableau 3.4 - Calcul des coûts variables de la prestation du service par le distributeur

Liste des coûts variables	**Montant des dépenses, RUB**	
	Coûts par an	**% du total des investissements**
Récipients en mousse de polyuréthane	450 000	81,08
Achat de produits chimiques liquides	65 000	11,71
Accessoires (tuyaux, pistolets)	40 000	7,2
Total	555 000	100

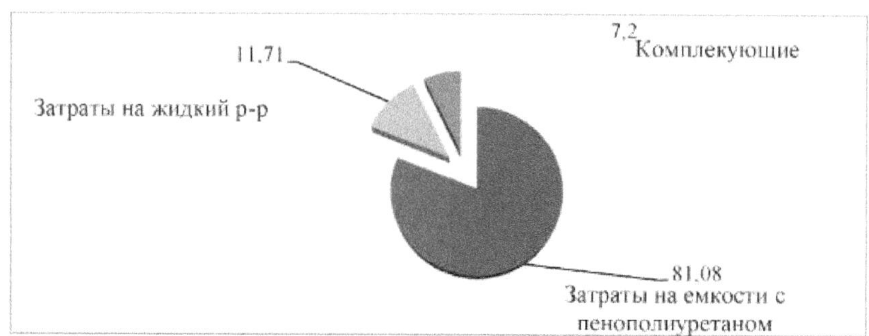

Figure 3.5 - Coûts variables en % du montant total

La fourniture de services par cet équipement devrait être demandée par la population du district de Belgorod. Il s'agit d'une option budgétaire (à partir de 80 RUB/m^2) pour aujourd'hui, étant donné que le coût des divers matériaux d'isolation des bâtiments a augmenté en raison de la situation économique actuelle (impact de la pandémie). Les clients peuvent être à la fois des particuliers qui construisent des maisons individuelles, des maisons existantes qui ont besoin d'une isolation supplémentaire, et diverses organisations de construction et de finition, des entreprises de production et d'autres organisations qui ont dans leur bilan des bâtiments et des structures qui doivent être réparés, reconstruits et rééquipés sur le plan technique.

Figure 3.6 - Clients potentiels pour les travaux d'isolation

3.2 Évaluation de l'efficacité économique du projet

Le tableau 3.5 présente un plan triennal pour l'étendue des travaux.

Tableau 3.5 - Volume prévu de production de travaux d'isolation par le bouteur au cours de l'année de référence

Clients	Délai de commande de base	Plan de travail, m^2	Recettes pour la période de référence, RUB.
Construction de logements individuels	Juillet - Août	5200	416 000
Construction de logements individuels,	Septembre à	6500	520 000

organismes de construction	novembre		
Construction de logements individuels, organismes de construction	Décembre-Janvier	2500	2000 000
Entreprises manufacturières	Février	3000	240 000
Organismes de construction et de finition	Tout au long de l'année	8000	640 000
Entreprises industrielles, logement et services communaux	Mars, avril, mai, juin	13200	1 056 000
Valeur totale		38 400	3 072 000

Les recettes provenant des travaux s'élèveront à 3 072 000 roubles la première année. Le coût total est de 1 363 784 roubles.

Tableau 3.6 - Volume de travail prévu pour le bulldozer au cours de l'année suivante (coût moyen 95 RUB/m)^2

Clients	**Délai de commande de base**	**Plan de travail, m^2**	**Recettes pour la période de référence, RUB.**
Construction de logements individuels	Juillet - Août	6200	589 000
Construction de logements individuels, organismes de construction	Septembre à novembre	6500	617 500
Construction de logements individuels, organismes de construction	Décembre-Janvier	2500	237 500
Entreprises manufacturières	Février	4000	380 000
Organismes de construction et de finition	Tout au long de l'année	9300	883 500
Entreprises industrielles, logement et services communaux	Mars, avril, mai, juin	15200	1 444 000
Valeur totale		43 700	4151 500

Tableau 3.7 - Volume de travail prévu pour le bouteur au cours de l'année suivante (coût moyen 135 RUB/m)^2

Clients	**Délai de commande de base**	**Plan de travail, m^2**	**Recettes pour la période de référence, RUB.**
Construction de logements individuels	Juillet - Août	7400	999 000
Construction de logements individuels, organismes de construction	Septembre à novembre	8355	1 127 925
Construction de logements individuels, organismes de construction	Décembre-Janvier	4000	540 000
Entreprises manufacturières	Février	4000	540 000
Organismes de construction et de finition	Tout au long de l'année	11300	1 525 500
Entreprises industrielles, logement et services communaux	Mars, avril, mai, juin	15200	2 052 000
Valeur totale		50 255	6 784 425

Le résultat du calcul du bénéfice net est présenté dans le tableau 3.8.

Tableau 3.8 - Estimation du résultat économique - bénéfice net

№	Recettes	Prix de revient	Bénéfice avant s.o.	Résultat du revenu net
1	3 072 000	1 363 784	1 708 216	1 366 573
2	4151 500	1500 162	2 651 338	2 121 070
3	6 784 425	1720 100	5 064 325	4 051 460

Tableau 3.9 - Prévisions de calcul du volume de production des travaux d'isolation avec de la mousse d'uréthane

Дflux de trésorerie du projet				
Nom de l'indicateur	1	2	3	4
Activités d'investissement				
Coûts d'investissement	- 1 789 250	0	0	0
Activités opérationnelles				
Produits des opérations	0	3 072 000	4151 500	6 784 425
Coûts	0	1 363 784	1500 162	1720 100
Bénéfice sur les ventes	0	1 708 216	2 651 338	5 064 325
Activités financières				
Bénéfice net	- 1 789 250	1 366 573	2 121 070	4 051 460
Flux de trésorerie total du projet	- 1 789 250	1 544 623	2 299 120	4 229 510
Projeter les flux de trésorerie sur la base de la comptabilité d'exercice	- 1 789 250	- 244 627	2 054 493	6 284 003

Le revenu net actualisé est la somme des effets d'étape actualisés sur toute la durée du projet.

$$ЧДД >= 0$$

$$ЧДДt = Ct \times At \qquad (3.1)$$

où Ct - revenu à l'étape t

At - facteur d'actualisation

$$At = 1/(1+E)t \qquad (3.2)$$

Tableau 3.10 - Prévision du calcul du volume de production des travaux d'isolation

Dépenses	Montant, RUB en 1 an de mise en œuvre du projet	Montant, RUB au cours de la 2ème année de mise en œuvre du projet	Montant, RUB dans l'année 3 de la mise en œuvre du projet	
Sortie	- 1 789 250			
affluent	- 1 789 250	1 544 623	2 299 120	4 229 510
Flux de recettes	- 1 789 250	- 244 627	2 054 493	6 284 003

Facteur d'actualisation	1	0,87	0,76	0,66
Flux actualisés revenus	- 1 789 250	1 343 822	1 747 331	2 791 477
Flux net actualisé5 093 380				

L'efficacité économique d'un projet d'investissement est caractérisée par l'indicateur de la valeur actuelle nette. La VAN est l'effet final, un indicateur du résultat total absolu d'un projet d'investissement. Cet indicateur est calculé comme la somme des flux de trésorerie actualisés moins les investissements.

$$NPV = \sum DDP - IC \qquad (3.3)$$

où la VAN est l'effet final, un indicateur du résultat total absolu du projet d'investissement, rub.

$\sum DDP$ – montant des flux de trésorerie actualisés, RUB ;

IC - montant des investissements en capital, rub.

VAN = 5 093 380 - 1 789 250 = 3 304 130 roubles.

L'indice de retour sur investissement (PI) est défini comme le rapport entre les entrées actuelles et les sorties actuelles.

PI = 5 093 380 / 1 789 250 = 2,85.

Le délai de récupération (DR) est un indicateur important pour l'évaluation d'un projet d'investissement (calculé comme le rapport entre l'investissement initial et le revenu net annuel moyen).

RR = 1 789 250 / 1 544 623 = 1 an 16 jours.

L'ARR est un indicateur reflétant la rentabilité d'une entreprise, d'un projet ou de tout autre objet d'investissement. Il indique le degré de rentabilité d'un investissement donné. Plus cet indicateur est élevé, plus l'objet d'investissement est rentable.

$$ARR = ЧП / IC \qquad (3.4)$$

Où ARR est le ratio d'efficacité du projet ;

PE - valeur annuelle moyenne des bénéfices prévus, rub ;

IC - montant des investissements dans le projet, rub.

ARR = 2 691 084 / 1 789 250 = 150 %.

Ainsi, sur la base du projet mis en œuvre, la croissance économique est considérée comme un facteur garantissant la sécurité économique de l'entreprise "Igris" Ltd.

CONCLUSION

Ainsi, la croissance économique est un changement quantitatif dans le système de production d'une entreprise, qui s'exprime par une augmentation du revenu brut de l'entreprise. Elle peut se produire dans certains cas sans changements qualitatifs dans les systèmes de production, ce qui est traditionnellement défini comme une croissance économique extensive, tandis que dans d'autres cas, elle peut s'accompagner d'améliorations qualitatives dans la structure et les fonctions du système de production d'un niveau particulier.

Dans la théorie économique moderne, la croissance économique est comprise comme des changements à long terme dans le volume réel de production. L'essence de la croissance économique réelle consiste à résoudre et à reproduire à un nouveau niveau la contradiction la plus importante de l'économie : entre les ressources de production limitées et l'illimitation des besoins sociaux. Cette contradiction peut être résolue de deux manières :

1) en augmentant les moyens de production ;
2) par l'utilisation la plus efficace possible des ressources productives et le développement des besoins publics.

Lorsque l'on examine la croissance économique en détail, les "dimensions" suivantes de la croissance économique sont souvent mises en avant :

- temporaire ;
- l'industrie ;
- sociale ;
- innovante et d'autres.

La sécurité économique de l'entreprise est un état de protection contre l'impact négatif des menaces externes et internes, des facteurs de déstabilisation, dans lequel la mise en œuvre durable des principaux intérêts et objectifs commerciaux des activités statutaires est assurée [23].

La sécurité économique est un système de prévention des risques et de prévention de divers types de menaces qui résulte de l'utilisation la plus efficace possible des ressources de l'entreprise. Le niveau de sécurité économique d'une entreprise dépend de l'efficacité avec laquelle sa direction et ses spécialistes (gestionnaires) sont capables d'éviter les menaces éventuelles et d'éliminer les conséquences néfastes de certaines composantes négatives de l'environnement externe et interne. L'objectif principal de la sécurité économique de l'entreprise est de garantir son fonctionnement continu et optimal aujourd'hui, ainsi qu'un potentiel de développement élevé à l'avenir.

La société à responsabilité limitée "Igris" - objet du travail de qualification finale, qui exerce ses activités dans la région de Belgorod, Belgorod, rue Volchanskaya, 81. Cette société a été enregistrée le 27 décembre 2006.

L'activité principale sur la base de la charte est le démantèlement et la démolition de bâtiments. OOO "Igris" entretient des relations de partenariat, c'est-à-dire une interaction dans laquelle les sujets des relations de marché cherchent à obtenir certains avantages. Au cours de la période étudiée, l'indicateur du produit des ventes de travaux et de services a augmenté de 11,4 %, soit de 835 000 roubles. Dans le même temps, la valeur du coût des travaux a diminué de 7,8 %, soit 510 000 roubles. La marge brute a augmenté de 1 345 milliers de roubles, soit 176,7 %. Les frais de gestion, c'est-à-dire les coûts de gestion de l'organisation qui ne sont pas directement liés au processus de production, ont augmenté de 187,1 %.

Les autres dépenses en 2017 ont diminué de 324 milliers de roubles, et en 2018 par rapport à 2016 ont diminué de 179 milliers de roubles ou de 42,2%. Sur la base du calcul de l'indicateur intégral consolidé de la sécurité économique de l'entreprise, un certain nombre de certains indicateurs ne respectent pas les valeurs normatives :

- la valeur du ratio absolu de liquidité n'atteint même pas le seuil le plus bas ;
- le ratio de couverture intermédiaire est également faible ;
- le ratio de liquidité courante correspond à la valeur seuil ;
- le ratio d'autonomie correspond également à la valeur seuil ;
- le ratio de fonds propres des stocks et des coûts est presque proche de la valeur seuil ;
- le ratio dettes/capitaux propres est de 0, car il n'y a pas de fonds empruntés au cours de la période considérée ;
- le ratio de manœuvrabilité est supérieur à la valeur normative, car il n'y a pas d'actifs non courants.

Compte tenu de la situation économique difficile de l'entreprise, de l'impact de la crise économique (due à la pandémie de coronovirus), l'entreprise "Igris" Ltd. doit proposer un projet qui générera un revenu plus stable et qui assurera un niveau stable de sécurité économique. La prestation de services par cet équipement devrait être demandée par la population du district de Belgorod. Il s'agit d'une option budgétaire (à partir de 80 roubles/m^2) pour aujourd'hui, car en raison de la situation économique actuelle (impact de la pandémie), le coût des divers matériaux d'isolation des bâtiments a augmenté.

L'évaluation prévisionnelle des composantes du potentiel de l'entreprise LLC "Igris" a montré que, grâce à la mise en œuvre du projet visant à accroître la croissance économique, les composantes de la sécurité économique de l'entreprise augmenteront (VAN = 3304 130 roubles ; IP = 2,85 ; PP = 1 an 16 jours, ARR = 150%), ce qui aura un impact positif sur le fonctionnement futur de l'entreprise.

BIBLIOGRAPHIE

1. Fédération de Russie. Douma d'État. Code civil de la Fédération de Russie [Texte] : parties un, deux, trois et quatre : texte avec amendements et ajouts au 1er février 2020. 2020 г. - [Édition officielle]. - Moscou : EXMO, 2020. - 860 c. - (Législation actuelle).

2. Fédération de Russie. Douma d'Etat. Code fiscal de la Fédération de Russie [Texte] : première et deuxième parties : texte avec amendements et ajouts pour le 1er février. 2020 г. - [Édition officielle]. - Moscou : EXMO, 2020. - 713 c. - (Législation actuelle).

3. Sur la sécurité [Texte] : loi fédérale du 28 décembre 2010 № 390-FZ : éd. du 06.02.2020 // Recueil de la législation de la Fédération de Russie. - 2010. - No. 21- St. 3674.

4. Artemenko, V. G. Sécurité financière de l'entreprise : manuel / V. G. Artemenko, M. V. Bellendir. - Moscou : Delo-Service, 2018. - 385 c.

5. Artyukhova, A.V. Analyse de l'activité financière et économique de l'entreprise : essence et nécessité de la réalisation [Texte] / A.V. Artyukhova, A.A. Litvin // Young Scientist. - 2018. - №11. - C. 744-747.

6. Baldin K.V. Risk management : textbook / S.N. Vorobyev, K.V. Baldin. - M. : UNITY-DANA, 2018. - 512 c.

7. Bart, A.A. Mécanisme de garantie de la sécurité économique : les principaux types de sécurité économique [Texte] : manuel / A.A. Bart - Russian entrepreneurship. - 2016 .- No11, vol. 1 .- P. 4-9.

8. Basovsky, L.E. Analyse économique globale de l'activité économique [Texte] : manuel / L.E. Basovsky, E.N. Basovskaya. Basovskaya. - Moscou : INFRA-M, 2018. - 366 c.

9. Blazhevich, O.G. L'essence et l'importance des actifs fixes pour l'entreprise [Texte] / O.G. Blazhevich, D.O. Vasilieva, V.V. Shalneva // Bulletin des sciences et pratiques. Shalneva // Bulletin des sciences et pratiques. - 2017. - № 3 (16). - C. 200-208.

10. Blank, I. A. Gestion de la sécurité financière [Texte] / I. A. Blank. - Koursk : Izd-vo "Nikatsentr", Elga, 2015. - 784 c.

11. Bochkova S.V. Analyse de l'information financière [Ressource électronique]/ Bochkova S.V.- Données textuelles électroniques. - Saratov : Vuzovskoe obrazovanie obrazovanie, 2018. - 292 c.

12. Vassilieva, D.O. Augmenter l'efficacité des immobilisations de l'entreprise [Texte] / D.O. Vassilieva // In Collection : Finances et assurances Collection d'articles de séminaire scientifique et pratique. - 2017. - C. 12-14.

13. Vechkanov, G.S. La sécurité économique [Texte] / G.S. Vechkanov. - Saint-Pétersbourg : Vector, 2017. - 187 c.

14. Galuzina, S.M. Aspects économiques du système de sécurité et de durabilité de l'organisation [Texte] / SM. Galuzina // Sixième session scientifique des étudiants de troisième cycle du GUAP. Collection de rapports : en 2 parties. Ch. P. Humanities. - Saint-Pétersbourg : SPbSUAP, 2018. - 396 c.
15. Gaponenko, V.F. La sécurité économique de l'entreprise : approches et principes [Texte] / V.F. Gaponenko. - Moscou : "Os-89", 2016. - 208 c.
16. Garnov, A.P. Analyse et diagnostic de l'activité financière et économique de l'entreprise [Texte] : manuel / A.P. Garnov. - (Enseignement supérieur : licence) - Moscou : Infra-M, 2016. - 365 c.
17. Gilyarovskaya L.T. Analyse et évaluation de la stabilité financière des organisations commerciales [Ressource électronique] : manuel destiné aux étudiants des universités qui suivent les spécialités 080109 "Comptabilité, analyse et audit", 080105 "Finance et crédit"/ Gilyarovskaya L.T., Yendovitskaya A.V.- Données textuelles électroniques. - M. : UNITY-DANA, 2017. - 159 c.
18. Golomerova A.A. Composante financière de la sécurité économique de l'entreprise // Problèmes actuels des sciences humaines et naturelles. 2017. - 542 c.
19. Goncharenko, L. P. Safety management [Text] : textbook / L. P. Goncharenko, E. S. Kutsenko ; G. V. Plekhanov Russian Academy of Economics, Moscow : KNORUS, 2015 - 272 pp.
20. Gubin, V.E. Analyse de l'activité financière et économique [Texte] / V.E. Gubin. - Moscou : Infra-M, couverture rigide, 2016 - 336 p.
21. Guseva, E.A. Analyse de l'activité économique de l'organisation [Texte] / E.A. Guseva, I.F. Pilnikova // Jeunesse et science. - 2018. - № 5. - C. 81-87.
22. Dvoryadkina, E.B. Sécurité économique [Texte] : manuel / Ya. P. Silin, N.V. Novikova - 2e éd., révision et supplément . Ekaterinbourg : [Izd. v Ural.gos. ekon. un-ta], 2016. - 194 c
23. Zavgorodnyi, V.I. Information et sécurité économique de l'entreprise [Texte] / V.I. Zavgorodnyi. - Moscou : Synergie, 2019. - 231 c.
24. Illarionov, A.I. Les critères de la sécurité économique [Texte] / A.I. Illarionov // Voprosy ekonomiki. - 2015. - № 10 - C. 21-25.
25. Ilyashenko, S.N. Composantes de la sécurité économique de la coopérative et approches de leur évaluation [Texte] / S.N. Ilyashenko // Actual Problems of Economics. - 2016. - № 3. - C. 41-47.
26. Karzaeva, N.N. Fundamentals of economic security [Text] : textbook / N.N. Kapzaeva. - Moscou : INFRA-M, 2017. - 275 c.
27. Kirichenko, O.A. Quelques critères d'évaluation de la sécurité économique de l'entreprise [Texte] / O.A. Kirichenko // Investissements : pratique et

expérience. Kirichenko // Investissements : pratique et expérience. - 2017. - 23. - C. 22-24.
28. Kozlova A. La sécurité économique en tant que phénomène et concept [Texte] / A. Kozlova // Vlast. - 2019. - № 1. - C. 14-17.
29. Kolesnichenko E. A., Gilfanov M. T. Aspects méthodologiques de l'évaluation et de la garantie de la sécurité économique de l'entreprise // Vestnik de l'Université de Tambov. Série Sciences humaines. Tambov, 2016. Vyp. 11.
30. Konopleva, I. A. Security management and business security [Text] : textbook / I. A. Konopleva, I. A. Bogdanov. - Moscou : INFRA-M, 2015. - 448 c.
31. Kosolapova M.V. Analyse économique globale de l'activité économique : manuel pour les étudiants des universités, étudiant dans la direction de formation " Économie " et la spécialité " Comptabilité, analyse et audit " / M.V.Kosolapov, V.A.Svobodin. - Moscou : Dashkov et K, 2018. - 246 c.
32. Kravchenko, L.I. Analyse de l'activité économique [Texte] / L.I. Kravchenko. - Minsk : Vysh. shk., 2016. - 457 c.
33. Kroshilin, S.V. Menaces possibles pour la sécurité des systèmes d'information économique et méthodes de leur élimination [Texte] / S.V. Kroshilin // Problèmes et méthodes de gestion de la sécurité économique des régions : Actes de la conférence scientifique interuniversitaire du corps enseignant, Kolomna : KSPI. - 2018. - 470 c.
34. Kuznetsova, E.I. La sécurité économique et l'économie de marché compétitivité. Formation de la stratégie économique de l'Etat [Texte] : Monographie : manuel / E.I. Kuznetsova. - Moscou : UNITI, 2011. - 239 c.
35. Lopareva, A.M. Économie de l'organisation (entreprise) [Texte] : complexe pédagogique et méthodique / A.M. Lopareva. - Moscou : Forum, SIC INFRA-M, 2017. - 400 c.
36. Loshakov, A.P. Les conditions préalables à la formation et l'essence de la sécurité économique de l'entreprise [Texte] / A.P. Loshakov // Voprosy ekonomicheskikh nauki. - 2016. - № 5. - C. 36-40.
37. Mak-Mak V. P. Enterprise Security Service. Aspects organisationnels, managériaux et juridiques de l'activité. - M. : Mir sferebol'nosti, 2016 - 312 p.
38. Markarian, E.A. Analyse économique de l'activité économique [Texte] : manuel / E.A. Markarian, G.P. Gerasimenko. - Moscou : Knorus, 2017. - 536 c.
39. Medvedeva, I. V. Analyse des résultats financiers de l'organisation / I. V. Medvedeva // Young Scientist. - 2019. - 452 c.
40. Mierin, L.A. Interaction des risques : sécurité des entités économiques [Texte] : manuel / L.A. Mierin. -SPb : SPbUEF, 2017. - 158 c.
41. Minaev, G.A. Sécurité de l'organisation [Texte] / G.A. Minaev - Moscou :

Logos, Universitetskaya kniga, 2018. - 368 c.
42. Musataeva, M.O. Sources, types et facteurs de menaces pour la sécurité économique, la création d'un service de sécurité économique [Texte] / M.O. Musataeva // Revue électronique scientifique et méthodique Concept. - 2015. - T. 23. - C. 26-30.
43. Odintsov, A.A. Sécurité économique et informatique [Texte] manuel / A.A. Odintsov. - Moscou : Examen, 2017. - 210 c.
44. Ozhegova, A.V. L'efficacité de l'utilisation des fonds et les moyens de l'augmenter [Texte] / A.V. Ozhegova // Dans la collection : innovations et sciences : recueil d'articles de la conférence scientifique-pratique internationale : en 4 parties. 2017. C. 187-189.
45. Popova, E.N. Sécurité économique de l'entreprise, menaces à la sécurité économique de l'entrepreneuriat [Texte] / E.N. Popova. Popova // NovaInfo.Ru. - 2016. - T. 3. - № 54. - C. 86-89.
46. Rakhimov O. R. Contenu du concept de sécurité économique // Bulletin scientifique du MGIIT. M., Vyp. 5(13). 2015. - C.42-50.
47. Romashova, I.B. La gestion du capital fixe [Texte] / I.B. Romashova // Finance et Crédit. - 2017. - № 5. - C. 20-25.
48. Savitskaya G. V. V. Analyse de l'activité économique de l'entreprise / G. V. Savitskaya. - m. : O. V. Rura, A. V. Ogilba, 2019. - 222 c.
49. Selezneva N.N. Analyse financière. Finance management [Electronic resource] : textbook for universities / Selezneva N.N., Ionova A.F.- Electronic text data. - M. : UNITY-DANA, 2018. - 639 c.
50. Skachko G.A., Nikandrova L.K. Le rôle de l'analyse et du diagnostic de l'activité financière et économique dans l'évaluation de la sécurité économique de l'organisation [Texte] / G.A. Skachko, L.K. Nikandrova // Audit Vedomosti. - 2016. - №7. - C. 54-63.
51. Snitko, L.T. La sécurité économique d'une entreprise industrielle : aspects méthodologiques de l'évaluation et de la gestion [Texte] / L.T. Snitko // Économie et entrepreneuriat. - 2015. - № 3-2 (56-2). - C. 586-591.
52. Solov'ev, A.I. La sécurité économique d'une entité économique. [Texte] / A.I. Soloviev // Modern Management. - 2017. - № 4. - C. 38-47.
53. Sudoplatov, A.P. La sécurité de l'activité entrepreneuriale [Texte] : manuel / A.P. Sudoplatov. - M. : OLMA-PRESS, 2018. - c. 30-31.
54. Tolpegina, O.A. Analyse économique complexe de l'activité économique [Texte] : manuel pour bacheliers / O.A. Tolpegina. - Moscou : Yurait, 2016. 672 c.
55. Toryannikov, B.N. Sécurité économique des entreprises [Texte] / B.N. Toryannikov, A.P. Kraskovsky. Manuel méthodique pour l'entrepreneur. - Saint-

Pétersbourg : ZAO "Kreditreforma". 2019. - 285 c.
56. Tretyakova, A.S. Le rôle du système de sécurité économique de l'entreprise dans les conditions de risque de faillite et les moyens de l'améliorer [Texte] / A.S. Tretyakova // Economics and Business : Theory and Practice. - 2016. - №3. - C. 120-123.
57. Urazgaliev, V. Sh. Economic security [Text] : textbook and practice for universities / V. Sh. Urazgaliev. - 2e éd., révision et supplément - Moscou : Yurait Publishing House, 2019. - 675 c.
58. Usenko, L. N. Business analysis of the organisation's activity : textbook / L.N. Usenko - Moscou : Maison d'édition Yurait, 2016. - 410 c.
59. Fattakhova, A.R. Améliorer l'efficacité de l'utilisation des actifs fixes de l'organisation [Texte] / A.R. Fattakhova, R.R. Sarvarova, S.G. Chibugaeva // Young Scientist. - 2018. - №23. - C. 669-670.
60. Firsova, O.A. Sécurité économique de l'organisation [Texte] : guide d'étude/O.A. Firsova. Firsova. -M. : Erius, 2016. -385 c.
61. Chernyak, O.I. Modélisation de la sécurité économique [Texte] / O.I. Chernyak // État, région : Monographie. - Kharkiv : VD "INZHEK", 2016. - 240 c.
62. Chuev, I.N. Comprehensive economic analysis of financial and economic activity [Text] : textbook for universities. - Moscou : Dashkov et K, 2016. - 384 c.
63. Shevchenko, A.Y. Analyse de l'efficacité de l'utilisation des actifs fixes dans l'entreprise [Texte] / Yu.A. Shevchenko // Young Scientist. - 2016. - №19. - C. 54-56.
64. Sheremet A.D., Ionova A.F. Directions du renforcement de la sécurité financière de l'entreprise : Guide d'étude. - 2e éd. révisée et complétée - M. : INFRA, 2018. - 479 c.
65. Chlykov, V.V. La sécurité économique de l'entreprise [Texte] / V.V. Chlykov. Shlykov. - Moscou : Aleteia, Université de Saint-Pétersbourg du ministère de l'Intérieur de Russie, Institut de droit et d'économie de Riazan du ministère de l'Intérieur de Russie, 2019. - 144 c.
66. Shultz, V.L. La sécurité de l'activité entrepreneuriale en 2 parties. Partie 1 [Texte] : manuel pour la licence académique / V.L. Shultz, A.V. Yurchenko, A.D. Rudchenko. - Moscou : Maison d'édition Yurait, 2018. - 288 c.
67. Shultz, V. L. La sécurité de l'activité entrepreneuriale en 2 parties. Partie 2 [Texte] : manuel pour le bachelier universitaire / V.L. Shultz, A.V. Yurchenko, A.D. Rudchenko. - Moscou : Maison d'édition Yurait, 2018. - 237 c.
68. Eriashvili, Y. N. Economic security [Text] : textbook for university students / V.A. Bogomolov, N.D. Eriashvili, E.N. Barikayev. Barikaev. - Moscou :

UNITI-DANA, 2018. - 206 c.
69. Yaskevich, V.I. Securiti. Les bases organisationnelles de la sécurité de l'entreprise [Texte] : manuel / V.I. Yaskevich. - Moscou : Os-89, 2018. - 230 c
70. Site de la société Igris Ltd https://checko.ru/company/igris-https://checko.ru/company/igris- 1063123156997 [Ressource électronique].

ANNEXES.

ANNEXE A

Утверждён:
протоколом № 2 общего собрания
учредителей
ООО «Игрис»
от 27 декабря 2006 г.

RÈGLEMENTS
LES SOCIÉTÉS ANONYMES

IGRIS

Belgorod 200S

Chapitre I, DISPOSITIONS GÉNÉRALES

Article 1 : Dispositions de base

1.1. La société agit sur la base du code civil de la Fédération de Russie, de la loi fédérale sur les sociétés à responsabilité limitée (ci-après dénommée "la loi fédérale") et des présents statuts (ci-après dénommés "les statuts").

1.2. Les membres d'une société ne sont pas responsables de ses obligations et supportent le risque de pertes liées à l'activité de la société dans les limites du coût des parts du capital autorisé de la société qui leur appartiennent.

Les actionnaires d'une société qui n'ont pas entièrement payé leurs actions sont solidairement responsables des obligations de la société dans la limite de la valeur de la partie non payée de leurs actions dans le capital autorisé de la société.

1.3. La société possède des biens distincts, comptabilisés dans un bilan indépendant, et peut, en son nom propre, acquérir et exercer des droits de propriété et des droits personnels non patrimoniaux, remplir des obligations, être demandeur *et* défendeur en justice.

L'entreprise peut jouir de droits civils et remplir les obligations civiles nécessaires à l'exercice de tout type d'activités non interdites par les lois fédérales, si cela n'est pas en contradiction avec l'objet et les objectifs de l'activité.

1.4. La Société a une dénomination sociale complète et abrégée en langue russe. La Société peut également avoir une dénomination sociale complète et (ou) abrégée dans les langues des peuples de la Fédération de Russie et (ou) dans des langues étrangères.

Raison sociale complète de l'entreprise : société à responsabilité limitée "Igrns".

Nom abrégé de la société : Pgrns LLC.

1.5. **Localisation de l'entreprise : 308006. 811.6, Volchanskaya Street, région de Belgorod, ville de Belgorod.**

Le capital autorisé de la société est constitué de la valeur nominale des actions de ses participants **et** s'élève à **10 000 (dix mille) roubles.**

1.7. Le coût réel d'une action d'un actionnaire d'une société correspond à une partie du coût de l'actif net de la société proportionnelle à la taille de son action.

1.8. La société peut établir des succursales et ouvrir des bureaux de représentation.

Article 2 : Objectifs et activités de l'association.

2.1. L'objectif principal de l'activité de l'entreprise est de réaliser des bénéfices.

2.2. Les principales activités de l'entreprise sont les suivantes

- le démantèlement et la démolition de bâtiments :
- la construction de bâtiments résidentiels et non résidentiels ;
- la construction d'autoroutes et de routes :
- la construction de chemins de fer et de métros ;
- la construction d'autres ouvrages d'art non inclus dans d'autres groupes :
- la réalisation de travaux de terrassement ;
- le forage exploratoire ;
- la production de travaux d'installation électrique ;
- la production de travaux sanitaires et techniques, l'installation de systèmes de chauffage et de climatisation :
- la production d'autres travaux de construction et d'installation ;

ANNEXE B

Приложение № 1
к Приказу Министерства финансов
Российской Федерации
от 02.07.2010 № 66н
(в ред. Приказа Минфина России
от 05.10.2011 № 124н,
от 06.04.2015 № 57н)

Отчет о финансовых результатах

за 2016 г.

		Коды
	Форма по ОКУД	0710002
	Дата (число, месяц, год)	31 / 12 / 2016
Организация Общество с ограниченной ответственностью "ИГРИС"	по ОКПО	98409752
Идентификационный номер налогоплательщика	ИНН	3123146913
Вид экономической деятельности Строительство жилых и нежилых зданий	по ОКВЭД	41.2
Организационно-правовая форма / форма собственности Общество с ограниченной ответственностью/Частная собственность	по ОКОПФ / ОКФС	65 / 16
Единица измерения: тыс. руб.	по ОКЕИ	384

Пояснения [1]	Наименование показателя [2]	Код	За 2016 г.[3]	За 2015 г.[4]
	Выручка [5]	2110	7 340	9 218
	Себестоимость продаж	2120	(6 579)	(8 775)
	Валовая прибыль (убыток)	2100	761	443
	Коммерческие расходы	2210	( )	( )
	Управленческие расходы	2220	(412)	(422)
	Прибыль (убыток) от продаж	2200	349	21
	Доходы от участия в других организациях	2310		
	Проценты к получению	2320	-	-
	Проценты к уплате	2330	(-)	(-)
	Прочие доходы	2340	18	39
	Прочие расходы	2350	(424)	(75)
	Прибыль (убыток) до налогообложения	2300	(57)	(15)
	Текущий налог на прибыль	2410	(65)	(2)
	в т.ч. постоянные налоговые обязательства (активы)	2421		-
	Изменение отложенных налоговых обязательств	2430	-	-
	Изменение отложенных налоговых активов	2450		
	Прочее	2460	-	-
	Чистая прибыль (убыток)	2400	(122)	(17)

Бухгалтерский баланс
на 31 декабря 2018 г.

	Коды
Форма по ОКУД	0710001
Дата (число, месяц, год)	26 / 3 / 2019
по ОКПО	[illegible]
ИНН	[illegible]
по ОКВЭД	41.20
по ОКОПФ / ОКФС	65 / 16
по ОКЕИ	384

Организация Общество с ограниченной ответственностью "ИГРИС"

Идентификационный номер налогоплательщика

Вид экономической деятельности Строительство жилых и нежилых зданий

Организационно-правовая форма / форма собственности Общество с ограниченной ответственностью/Частная собственность

Единица измерения: тыс. руб.

Местонахождение (адрес) [illegible], Белгородская обл, г. Белгород, Волчанская, д.81

Пояснения [1]	Наименование показателя [2]	Код	На 31 декабря 2018 г.[3]	На 31 декабря 2017 г.[4]	На 31 декабря 2016 г.[5]
	АКТИВ				
	I. ВНЕОБОРОТНЫЕ АКТИВЫ				
	Нематериальные активы	1110			
	Результаты исследований и разработок	1120			
	Нематериальные поисковые активы	1130	-	-	
	Материальные поисковые активы	1140	-	-	
	Основные средства	1150	-	-	
	Доходные вложения в материальные ценности	1160	-	-	
	Финансовые вложения	1170	-		
	Отложенные налоговые активы	1180		-	
	Прочие внеоборотные активы	1190			
	Итого по разделу I	1100			
	II. ОБОРОТНЫЕ АКТИВЫ				
	Запасы	1210	155	680	[illegible]
	Налог на добавленную стоимость по приобретенным ценностям	1220			
	Дебиторская задолженность	1230	[illegible]	98	[illegible]
	Финансовые вложения (за исключением денежных эквивалентов)	1240			
	Денежные средства и денежные эквиваленты	1250	[illegible]	5	22
	Прочие оборотные активы	1260			
	Итого по разделу II	1200	2 404	[illegible]	[illegible]
	БАЛАНС	1600	2 404	[illegible]	[illegible]

Приложение № 1
к Приказу Министерства финансов
Российской Федерации
от 02.07.2010 № 66н
(в ред. Приказа Минфина России
от 05.10.2011 № 124н
от 06.04.2015 № 57н)

Бухгалтерский баланс
на 31 декабря 2018 г.

		Коды
	Форма по ОКУД	0710001
	Дата (число, месяц, год)	26 / 3 / 2019
Организация Общество с ограниченной ответственностью "ИГРИС"	по ОКПО	98429752
Идентификационный номер налогоплательщика	ИНН	3123148813
Вид экономической деятельности Строительство жилых и нежилых зданий	по ОКВЭД	41.20
Организационно-правовая форма / форма собственности Общество с ограниченной ответственностью/Частная собственность	по ОКОПФ / ОКФС	65 / 16
Единица измерения: тыс. руб.	по ОКЕИ	384

Местонахождение (адрес) 308006, Белгородская обл, г. Белгород, Вольчанская, д.81

[illegible]	Наименование показателя	Код	На 31 декабря 2018 г.	На 31 декабря 2017 г.	На 31 декабря 2016 г.
	АКТИВ				
	I. ВНЕОБОРОТНЫЕ АКТИВЫ				
	Нематериальные активы	1110			
	Результаты исследований и разработок	1120	-	-	-
	Нематериальные поисковые активы	1130	-	-	-
	Материальные поисковые активы	1140	-	-	-
	Основные средства	1150	-	-	-
	Доходные вложения в материальные ценности	1160	-	-	-
	Финансовые вложения	1170	-	-	-
	Отложенные налоговые активы	1180	-	-	-
	Прочие внеоборотные активы	1190	-	-	-
	Итого по разделу I	1100	-	-	-
	II. ОБОРОТНЫЕ АКТИВЫ				
	Запасы	1210	150	680	1 576
	Налог на добавленную стоимость по приобретенным ценностям	1220	-	-	-
	Дебиторская задолженность	1230	2 146	98	70
	Финансовые вложения (за исключением денежных эквивалентов)	1240	-	-	-
	Денежные средства и денежные эквиваленты	1250	109	6	22
	Прочие оборотные активы	1260	-	-	-
	Итого по разделу II	1200	2 405	783	1 668
	БАЛАНС	1600	2 404	783	1 568

Форма 0710001 с.2

Пояснения	Наименование показателя	Код	На 31 декабря 2018 г.	На 31 декабря 2017 г.	На 31 декабря 2016 г.
	ПАССИВ				
	III. КАПИТАЛ И РЕЗЕРВЫ				
	Уставный капитал (складочный капитал, уставный фонд, вклады товарищей)	1310	10	10	10
	Собственные акции, выкупленные у акционеров	1320	(-)	(-)	(-)
	Переоценка внеоборотных активов	1340		-	-
	Добавочный капитал (без переоценки)	1350		-	
	Резервный капитал	1360		-	
	Нераспределенная прибыль (непокрытый убыток)	1370	1 417	726	512
	Итого по разделу III	1300	1 427	736	522
	IV. ДОЛГОСРОЧНЫЕ ОБЯЗАТЕЛЬСТВА				
	Заемные средства	1410	-	-	
	Отложенные налоговые обязательства	1420	-	-	-
	Оценочные обязательства	1430	-	-	-
	Прочие обязательства	1450	-	-	-
	Итого по разделу IV	1400	-	-	-
	V. КРАТКОСРОЧНЫЕ ОБЯЗАТЕЛЬСТВА				
	Заемные средства	1510		46	835
	Кредиторская задолженность	1520	977	1	311
	Доходы будущих периодов	1530	-	-	-
	Оценочные обязательства	1540	-	-	-
	Прочие обязательства	1550	-	-	-
	Итого по разделу V	1500	977	47	1 146
	БАЛАНС	1700	2 404	783	1 668

Руководитель ____________ Бронников С.В.
(подпись) (расшифровка подписи)

"26" марта 2019 г.

Примечания

[illegible]

Приложение № 1
к Приказу Министерства финансов
Российской Федерации
от 02.07.2010 № 66н
(в ред. Приказа Минфина России
от 05.10.2011 № 124н,
от 06.04.2015 № 57н)

Отчет о финансовых результатах

за 2018 г.

		Коды		
	Форма по ОКУД	0710002		
	Дата (число, месяц, год)	26	3	2019
Организация Общество с ограниченной ответственностью "ИГРИС"	по ОКПО	98429752		
Идентификационный номер налогоплательщика	ИНН	3123140813		
Вид экономической деятельности Строительство жилых и нежилых зданий	по ОКВЭД	41.20		
Организационно-правовая форма / форма собственности Общество с ограниченной ответственностью/Частная собственность	по ОКОПФ / ОКФС	65	16	
Единица измерения: тыс. руб.	по ОКЕИ	384		

Поясне-ния [1]	Наименование показателя [2]	Код	За 2018 г.[3]	За 2017 г.[4]
	Выручка [5]	2110	8 175	7 259
	Себестоимость продаж	2120	(6 069)	(6 329)
	Валовая прибыль (убыток)	2100	2 106	930
	Коммерческие расходы	2210	(-)	(-)
	Управленческие расходы	2220	(1 183)	(807)
	Прибыль (убыток) от продаж	2200	923	123
	Доходы от участия в других организациях	2310	-	-
	Проценты к получению	2320	-	-
	Проценты к уплате	2330	(-)	(-)
	Прочие доходы	2340	192	245
	Прочие расходы	2350	(245)	(100)
	Прибыль (убыток) до налогообложения	2300	870	268
	Текущий налог на прибыль	2410	(179)	(54)
	в т.ч. постоянные налоговые обязательства (активы)	2421		
	Изменение отложенных налоговых обязательств	2430	-	-
	Изменение отложенных налоговых активов	2450	-	-
	Прочее	2460		
	Чистая прибыль (убыток)	2400	691	214

Équipement de pulvérisation de mousse de polyuréthane à haute pression

Milton Keynes UK
Ingram Content Group UK Ltd.
UKHW010853280324
440101UK00001B/224

9 786207 277445